福井英次郎
編

基礎ゼミ
Preliminary Seminar of
Politics

政治学

世界思想社

目　次

はじめに　1
メインのワークのやり方　7

第 I 部　社会と政治　11

第1章　日常に政治をみつけることができるか？　福井英次郎　12
──市民生活と利益団体

1　民泊から政治を考える　13
2　利益団体の綱引き　14
3　消費者とフリーライダー　18
4　身近なものを複数の視点から考える　19

第2章　だれが公共財を提供すべきか？　市川　顕　24
──政府・市場・ガバナンス

1　公共財と政府の役割　25
2　政府の失敗　27
3　グローバル化と国家の弱体化　29
4　スリー・セクター・フレームワーク　31

第3章　メディアは市民に影響を与えるのか？　岡田陽介　36
──メディアの役割と影響力

1　メディアの影響力　37
2　メディアの効果論の変遷　38
3　メディア報道による選挙への影響　41
4　メディアの役割と情報の受け手としての市民　43

第 II 部　価値と政治　　　　　　　　　　　　　　　　　　　　　　　　　47

第 4 章　民意はなぜ尊重されるべきか？　　　　松元雅和　48
──民主主義の価値

1. 民主主義とは何か　49
2. 民主主義の道具的価値　50
3. 民主主義の危険性？　54
4. 民主主義の内在的価値　55

第 5 章　多様性はどのように受け入れられるか？　　　　沼尾　恵　59
──リベラリズム、寛容、多文化主義

1. 多様性のある社会　59
2. みんな違うけれど、みんな同じに扱う　61
3. みんな違うけれど、みんな許せる　64
4. みんな違うけれど、みんなよい　66

第 6 章　ジェンダー平等をいかに実現するか？　　　　藤田智子　70
──政治参加とポジティヴ・アクション

1. 政治参加におけるジェンダー・ギャップ　70
2. 女性の政治参加を阻む要因　72
3. 女性議員を増やすにはどうしたらよいか　73
4. ジェンダーと政治　76

第III部　制度と政治

第7章　だれが、なぜ、政治に参加するのか？　　荒井紀一郎
――投票行動と政治参加

1. 有権者はどのように投票先を決めるのか　83
2. 争点投票　84
3. 業績評価と党派性　86
4. 参加のパラドックスと公共財としての代表制　87

第8章　民主主義にはどのような制度があるのか？　　鎌原勇太
――執政府-立法府関係と一票の格差

1. 議院内閣制と大統領制　94
2. 執政府-立法府関係　96
3. 首相公選制の導入と大統領制民主主義　98
4. より良い民主主義はあるのか　100

第9章　国を治めるのはだれか？　　笹岡伸矢
――政治家と官僚

1. 官僚と「忖度」　105
2. 官僚と政治家　106
3. 政治主導　109
4. 政権交代と現在　111

第10章　どこまでが地方の領分か？　　松尾秀哉
――地方自治と分権改革

1. 地方自治とは何か　116
2. 中央と地方の関係の歴史的変遷　117
3. 地方分権化は正しい？　119
4. 日本の地方自治の課題　121

目　次

第IV部　世界と政治　125

第11章　現代世界はどのようなものか？　黒田友哉　126
——現代国際政治史
1　現代国際政治と冷戦　127
2　冷戦の定義と終結　129
3　冷戦後の世界で起きたこと　131
4　冷戦後の時代像　133

第12章　戦争はなぜ生じるのか？　福井英次郎　137
——主権国家体制と安全保障
1　個人・国家・国際システム　138
2　主権国家体制　139
3　国家の安全保障　140
4　集団防衛　143

第13章　なぜFTA/EPAを進めるのか？　武田　健　148
——自由貿易の推進と反発
1　戦後の自由貿易の推進と反発　149
2　なぜFTA/EPAに参加するのか　151
3　強い交渉力を発揮するのは誰か　153
4　国際貿易の今後の行方　154

第14章　地球環境を守る政治はいかにして可能か？　臼井陽一郎　159
——気候変動をめぐる取り組みを事例に
1　気候変動政治の難しさ　159
2　レジームの発展　163
3　認識共同体　165
4　パリ協定の内容　165

引用文献　170　　あとがき　175　　巻末資料　177　　索引　183

はじめに

政治と政治学

　この教科書は、ワークを中心に据えて、政治学を基礎から学んでもらうために執筆されました。対象の読者層は、政治学を初めて学ぶ大学生です。また政治学に興味のある高校生や社会人も想定しています。

　この本の特徴であるワークについては後で述べますが、まず政治とそれを学ぶ政治学について考えてみましょう。人間は自然のなかで単独で生存しているのではなく、集団で社会を形成して生活をしています。社会のなかでは、人々はそれぞれの利害を調整しなければいけませんし、時には何かを決めていくこともあるでしょう。このような営みが政治であり、有史以来ずっと行われてきたことだといえます。この政治を学ぶ学問が政治学です。

　それでは、実際の政策形成過程を想定して、考えてみましょう。現在の私たちの社会には多くの問題があり、それを解決するためには対策が必要です。たとえば子育てをしている家庭は、子どものための病院や保育園・幼稚園の整備といった子育て支援を充実させてほしいでしょう。逆に、高齢の祖父母がいる家庭は、高齢者のための施設や介護への支援を求めるでしょう。これらはどちらも必要ですが、使える予算は限られています。限られた予算をどの政策にどのように配分するべきでしょうか。また配分するときに何に気をつけたらよいでしょうか。

　アメリカの政治学者 D. イーストンは、「政治とは価値の権威的配分」と述べました（イーストン 1976）。少し難しいので、簡潔に説明すると、「価値」は何が重要で何が重要でないかを決めるもの、「権威的配分」は誰もが納得して受け入れるような方法を探求するということです。先ほどの問いを探求することが、まさに政治といえます。

　この探求は、それほど簡単ではないことがわかるでしょう。たとえば、誰が配分を決定するのでしょうか。日本では首相が最高責任者ですが、首相1人だ

けですべてを決めることはできないはずです。そうなると、首相と大臣、さらに各省庁の官僚との関係を検討する必要が出てきます。このように冷静に考えはじめると、多くの論点があることに気がつくでしょう。この本では、それらについて考えていくことになります。

さて、本論に入る前に、少し立ち止まって考えてみましょう。なぜ政治学を学ぶのでしょうか。

政治学を学ぶ理由は、簡潔に述べると、それが私たちの住んでいる社会をどのように導くのかということにかかわる学問だからです。この社会で、何を大事にしてどのような価値観を追求していくのか、何を問題としてどのように解決するのか、解決するための諸制度をどのように作るのか。政治学はこれらを考える土台を与えます。

現在の社会は大きく変化しており、これまでの多くの常識が通用しなくなってきています。政治学を通じて、学生みずからが、現在の社会における「価値の権威的配分」を検討してほしいと考えています。さらに、その価値が配分されていく過程に対して、冷静に観察する眼を養ってほしいと考えています。

政治学との出会いは、学生それぞれによって違うでしょう。しかしせっかく出会った縁を大事にして、この本を読んでみてください。読み終わった後には、見慣れた外の風景にさえ、政治が見えてくると思います。

ワークの意義

ここでは、この本の特徴であるワークについて説明します。少し堅苦しい説明ですので、先を急ぎたい読者は、読み飛ばして次に進んでも構いません。

この本の特徴は、ワークを通じて、政治学を学んでもらうことにあります。ワークを飛ばしても理解できるようになっていますが、ワークを通じて多くのことに気がつくと思いますので、できるだけワークを体験してみてください。

ワークでは、自分自身で考えて意見をまとめたり、他の学生とゲームや議論をしたりすることになります。受動的に座って情報を得るというのではなく、自分で考え自分で行動してもらいます。

これまでの教科書は、政治学の見方・知識・情報を読者に与えるものが主流でした。この教科書では、それらに加えて、学生が主体的に学べるように、

ワークを導入しました。

　この本でワークを用いる理由は2つあります。1つは、アカデミック・スキルズを実際に使うための場所を提供するためです。多くの大学では現在、初年次教育を充実させています。「一年生ゼミ」や「基礎ゼミ」といった科目で、ノートの取り方、資料の集め方、議論の組み立て方などを学んだ学生もいるでしょう。さらに、実際に学生どうしで議論をしたり、プレゼンテーションをしたり、レポートを書いたりした人もいるでしょう。大学で学ぶための基礎技術であるアカデミック・スキルズを身につけることで、学生は自分自身で主体的に学べるようになります（初年次教育学会編 2018）。

　しかし、それを実践できるような専門分野の基礎科目や教養科目は、まだ少ないのが実情です。教員が一方的に話し、学生がノートをとるという講義形式の科目が多いのです。教員や大学も改善したいとは考えているので、将来的には改善されるかもしれませんが、すぐには解決できません（福井 2018）。そこで、アカデミック・スキルズを実際に試す場としてワークを導入しました。教室内では、講義を聴くだけでなく、受講生どうしで議論をしたりしてもらうことになります。

　もう1つの理由は、先ほど述べた政治学という学問と関係します。この社会には多くの人がいますが、誰一人として同じ人はいませんし、考え方も多様です。他の学生と話しあいをしてみると、自分とはまったく異なる考えがあることに気がつくと思います。高校以上に大学では、全国各地、さらには海外からも学生が入学してきています。これまでの自分の考え方と大きく異なる意見を知り、それについて考えることで、より大きな視点で、「価値の権威的配分」について検討できると思います。そして論理的に議論する訓練にもなるはずです。このような理由から、学生どうしで交流する場を提供するために、ワークを導入しました。

本書の使い方

　この本は、すべての章で、同じ形式を採用しています。各章は4節で構成されています。身近な例や簡単な考え方から説明が開始されていきますので、無理なく読んでいけるでしょう。章の後半には、少しずつ複雑で抽象的な説明が

はじめに

表 0-1　3 つのワーク

はじめのワーク	個人で取り組むワーク。自分の意見を書いてみること、またそれをもとに周囲の学生と話してみることが中心。ワークシートを使用する。
メインのワーク	グループで取り組むもので、中心となるワーク。他の学生との対話を軸として、自分の考えを表明し、他の学生の意見を聞き、議論することが中心。ロールプレイングゲームとディベート、グループディスカッションに分けられる。
まとめのワーク	個人で取り組むワーク。授業で考えたことを、自分の言葉でまとめることが中心。ワークシートを使用する。

なされていきます。授業前に読んでみて、わからないところや興味をもったところをメモしておき、授業後に読み返してみるとよいでしょう。

　この本では、各章に【はじめのワーク】【メインのワーク】【まとめのワーク】という3つのワークがあります。章によって多様性がありますが、3つのワークは表0-1のようにまとめられます。

　なお【メインのワーク】では、なんらかの役割を与えられて行動していくロールプレイングゲーム（以下、RPGとする）、2つの立場にわかれて討論するディベート、与えられた議題について話しあうグループディスカッション（以下、GDとする）の3種類があります。これら3つの方法については、「メインのワークのやり方」にまとめてありますので、確認してください。

　各章の最後には、「キーワード」「ブックガイド」【ワークシート】があります。「キーワード」は、その章で軸となる重要な用語となります。その用語だけでなく、その意味もしっかり理解しましょう。「ブックガイド」はさらに勉強したい人に向けた本の紹介になります。3冊紹介されますが、最初から順番に難しくなっていきます。その分野に興味をもったならば、最初は1冊目に紹介されている本を読んでみるとよいでしょう。新書や入門書のように分量が少なくわかりやすい本となります。3冊目はその分野の代表的な本で、さらに勉強したい学生や専門科目でレポートを書く大学3、4年生に、手に取ってほしい本です。【ワークシート】は、【はじめのワーク】と【まとめのワーク】のときに、自分の意見をまとめるために使ってください。

　巻末には、「引用文献」があります。「引用文献」は、その章を執筆するにあたり、引用されている本や論文となります。興味をもった章に関しては、ここに挙がっている本や論文も読んでみると理解が深まるでしょう。なお、本を引

用した箇所は、本文中にかっこをして（著者名 刊行年）のように示してあります。

本書の構成

この本は、14章で構成されています。各章の執筆者は自身の教育と研究の成果に情熱を添えて、読者に提供していきます。14章は4つのパートに分けられています。

第Ⅰ部「社会と政治」（第1〜3章）では、社会と政治の接点を軸として、利益団体・政府と市場の関係・メディアを扱います。第Ⅱ部「価値と政治」（第4〜6章）では、価値をめぐる政治に関して、民主主義・寛容・社会的性差について扱います。第Ⅲ部「制度と政治」（第7〜10章）では、選挙・執政府・官僚制度・地方自治など制度面から議論していきます。第Ⅳ部「世界と政治」（第11〜14章）では、これまでの国内政治からさらに国際政治に目を向け、国際政治の歴史・安全保障・貿易・環境などを議論していきます。

最初から順番に読む必要はありません。自分が興味のある章から読んでみましょう。

表0-2　本書の内容

章	メインタイトル	キーワード	メインのワーク 種類	メインのワーク 準備等
1	日常に政治をみつけることができるか？	鉄の三角同盟，多元的民主主義，フリーライダー	RPG	トランプと投票用カードを使用する
2	だれが公共財を提供すべきか？	ニスカネン・モデル，ガバナビリティ，ガバナンス	ディベート	巻末資料を使用する
3	メディアは市民に影響を与えるのか？	議題設定効果，アナウンスメント効果，選択的接触	RPG	Webから資料収集する，トランプを使用する
4	民意はなぜ尊重されるべきか？	直接民主主義と間接（代議制）民主主義，コンドルセの陪審定理，ポピュリズム	RPG	情報収集として図書館やスマートフォンを使用する
5	多様性はどのように受け入れられるか？	リベラリズム，寛容，多文化主義	GD	特になし
6	ジェンダー平等をいかに実現するか？	公私二元論とジェンダー，ポジティヴ・アクション，フェミニズム	ディベート	特になし
7	だれが，なぜ，政治に参加するのか？	争点投票，党派性，社会的ジレンマ	RPG	メモカードを使用する
8	民主主義にはどのような制度があるのか？	ゼロサム・ゲーム，多数決型民主主義と合意形成型民主主義，議員定数不均衡	ディベート	特になし
9	国を治めるのはだれか？	官僚優位論／政党優位論，与党事前審査，官邸主導	RPG	トランプを使用する
10	どこまでが地方の領分か？	地方自治体，三位一体改革，連邦制	GD	巻末資料を使用する
11	現代世界はどのようなものか？	イデオロギー，グローバル化，「歴史の終わり」	GD	巻末資料を使用する
12	戦争はなぜ生じるのか？	主権国家体制，無政府状態（アナーキー），同盟のジレンマ	RPG	トランプを使用する
13	なぜFTA/EPAを進めるのか？	関税と非関税障壁，経済のグローバル化，FTA/EPA	ディベート	巻末資料を使用する
14	地球環境を守る政治はいかにして可能か？	共通だが差異ある責任の原則，レジーム，認識共同体	GD	特になし

（注）RPG＝ロールプレイングゲーム，GD＝グループディスカッション

メインのワークのやり方

　3種類の【メインのワーク】では、他の学生と交流することになります。これらの活動を通じて、自分と異なる意見が存在することを知り、なぜその意見になるのかを理解できるようになりましょう。そして自分とは異なる意見であっても、話しあって、議論をしてみましょう。この過程を通じて、自分の意見を相対化することができるようになるはずです。

ロールプレイングゲーム（RPG）
(1)　RPGとは？
　この本では、何かの役割を担って参加する形態の活動をロールプレイングゲームと呼ぶことにします。RPGは、テーブルを囲んで集まり、ルールが厳密に決まっているポーカーのようなゲーム（テーブルトークRPG）から、教室全体を用いて自由に行動し、ルールも最低限しかないようなゲームまで幅広く存在します。さらに本書では、何かを実行してみて、それへの反応を通じて学ぶという実験に似た形式の活動も、RPGに含むことにします。
(2)　RPGの進め方
　各章の説明を参考にしてください。
(3)　注意点と学んでほしいこと
　RPGの参加者は与えられた役目を演じます。ゲーム中の意見や行動はいわば演技であり、個人の意見や行動とは別のものであることを確認しましょう。
　RPGを体験すると、ふだんとは異なる立場や環境に置かれたときに、自分がどのように感じて、どのように行動するのかを知ることができます。わかっているつもりのことが、実際はまったくわかっていなかったということもあるでしょう。それらに気がつくことで、今後、物事を考えるときに、より広い視野に立つことができるはずです。

ディベート

(1) ディベートとは？

ディベートは、与えられた議題に対して、2つの立場にわかれて議論を戦わせ、勝敗を決めるゲームです。ある議題に対して、肯定側と否定側にわかれることが多く、勝敗は審判が判断します。

(2) ディベートの進め方

1．班分け

最初に1班12人以下を目安として班分けをします。次にくじ引き等で、班のなかで肯定側・否定側・審判の3グループにわかれます。審判グループの1人が司会を、別の1人がタイムキーパーを担当して、進めていきます。

2．準備

グループ内で、自分たちの立場の長所・短所と、相手の立場の長所・短所を考えます。「自分たちの立場の方が良い」という理由を3点ほど、書き出しておきましょう。このとき審判が納得するような理由を考えます。さらに相手側が主張すると思われる理由を考え、反論できるように備えておきます。

なおディベートをする場合には、授業2回分を割り当て、初回の授業では準備をし、2回目の授業ではディベートをしてみるとよいでしょう。初回の授業では、班ごとに、巻末の参考資料や教科書の内容を確認し、時間があれば新たに資料を見つけます。1回の授業で実施する場合には、事前に班ごとに準備をしておきます。

3．実際のディベート（30分）

①肯定側立論（3分）…肯定側が肯定する理由を述べます。
②否定側立論（3分）…否定側が否定する理由を述べます。
③自由討論準備（4分）…グループ内で、相手への反論について、打ちあわせます。
④自由討論（10分）…相手の理由に、自由に反論します。誰がいつ話してもよいです。
⑤まとめの準備（4分）…グループ内で、最後にどのようにまとめるかを打ちあわせます。
⑥否定側まとめ（3分）…議論を踏まえて、否定側が否定する理由を述べます。
⑦肯定側まとめ（3分）…議論を踏まえて、肯定側が肯定する理由を述べます。

4．投票と講評

①審判は、肯定側と否定側のどちらの主張が、より説得的だったのかを投票します。次の3点を、投票するときの基準としてください。
　・論理性…理由が論理的でわかりやすかった。
　・論拠…証拠となる事例や資料が信頼できる。
　・話し方…わかりやすく話していた。
②勝敗が決まったら、審判は、自分がなぜ肯定側（否定側）を選んだのかを、わかりやすく簡潔に説明してください。

本来のディベートでは、反論したり、それにさらに反論したりする順番と時間が厳密に決まっています。しかし本書では、ディベートに慣れていない人や限られた授業時間を考慮し、「ランダムディベート」（安藤・田所編 2002）という簡略化したものにします。実際のディベートの時間は目安として 30 分となっています。

(3) 注意点と学んでほしいこと

ディベートはゲームであり、個人の意見とは無関係です。ディベート参加者は、自分が割り当てられた立場が勝てるように考えましょう。相手側もゲームとして、その立場の優位を主張していることを確認しましょう。また、相手の議論の弱点や矛盾を冷静に指摘してください。議論以外の点で攻撃してはいけません。

ディベート中は、メモを取りながら、議論を聞くようにします。ディベート参加者はメモをもとにして、相手側の意見で矛盾する部分を見つけましょう。また審判はメモをもとにして、ディベートでどちらが説得的だったかに基づき勝敗を判定します。このとき自分の本来の意見とは関係なく、判定するようにしましょう。

ディベートでは、自分たちの立場を支持し、相手の立場を批判するという作業を通じて、論理的に議論することを学べます。自分の意見とは異なる立場で参加する場合もありますので、自分がこれまで想定していなかったことを学べる機会になり、自分の意見をより洗練させることもできるでしょう。

グループディスカッション (GD)

(1) GD とは？

GD は、ある議題について、グループ内で話しあうことです。目的はそのディスカッションにより異なります。意見を出しあって他人の意見を知ることから、それらの意見をグループ内でまとめることまで多様です。ディベートと異なり、他のグループと勝敗をつけることはありません。グループ内で議論をすること自体が目的です。

(2) GDの進め方

　GDの進め方は多様です。何も決めずに時間いっぱい自由に話しあっていくものから（第5・14章）、時間を区切って、司会や書記などの役割をあてる形式（第10・11章）まで、多岐にわたります。ここでは、グループで作業をするときの基礎的な手順を紹介します。

①アイディアをできるだけ多く見つける
　　その議題に関係すること（アイディア）は、付箋に書いて、机に貼っておくとよいでしょう。この段階では、他人の意見に批判や反論をせず、質よりも量で、できるだけ多くのことを見つけましょう。どのような議題であっても、詳しい人とそうでない人がいますし、意見や立場も多様です。この過程では、全員でその議題について考え、確認する作業にもなります。
②アイディアをまとめる
　　明確な課題が与えられているのであれば、それに沿ってまとめていきます。自由に議論するのだったら、たとえば「良い」「悪い」に分けるなど、まとめ方も考えてみましょう。
③意見をまとめる
　　グループで意見をまとめることが求められた場合には、これまでの過程を踏まえて、グループ内で意見を固めていきます。ある制度への賛否を問われるものだったとすると、その制度の良い点と悪い点をあげていき、どちらの立場がより説得的かを考えます。

(3) 注意点と学んでほしいこと

　意見が異なる学生間で議論をかみあわせ、より深く議論していくことは簡単ではありません。お互いに自由に意見を言うだけであれば、独り言になってしまいます。議論をかみあわせるために、相手の論理をきちんと理解して、お互いに議論を成立させようという態度が必要となります。良い話し手となるだけでなく、良い聞き手になりましょう。またGDでは全体の議論の流れを把握する必要があります。慣れてくると、自分や周囲の学生が議論している姿を、鳥のように上から眺める視点をもつことができるようになります。

第 I 部

社会と政治

基礎ゼミ　政治学

第1章

日常に政治をみつけることができるか？
―― 市民生活と利益団体

福井英次郎

イントロダクション

　「政治」ときくと、何を思い浮かべるだろうか。ニュースで取り上げられるような選挙運動や国会での議論を思い出し、「政治は私たちから遠いもの」と考えるかもしれない。しかし、私たちの身の回りにも「政治」は存在する。本章では、読者の身近な生活のなかに潜み、読者にも影響がある政治についてみていく。とりわけ、研究者が「利益団体」と呼んでいる人々の集まりに焦点を当てることにしたい。それを通じて、政治が身近であることに気づいてもらいたい。

　私たちは、しばしば同じ目的を達成するためにグループをつくることがある。同じような価値観をもった人々がまとまり、グループを形成すると言い換えてもよい。こうしたグループを利益集団と呼ぶ。利益集団のなかには、リーダーの決め方や会費の徴収など組織的な約束事をもち、構成員の組織への帰属意識が高い集団もある。このような利益集団は、利益団体と呼ばれる。利益団体のなかには、みずからが望む社会に近づけるため、さまざまな政治的資源を用いて政治に恒常的にかかわろうとする団体もある。このような団体は、とくに圧力団体と呼ばれる（辻中 1988）。利益集団・利益団体・圧力団体、これらの団体を軸に、読者の周囲にある政治を探してみることにしよう。

1 民泊から政治を考える

宿泊施設の不足　日本を訪れる外国人旅行者の数は、増加しつづけている。2008年には約835万人だったのが、2018年には約3119万人となった（日本政府観光局 2019）。この傾向は、今後もしばらく続くと予測されている。日本では、観光業は国家の重要な産業と位置づけられている。2008年には、観光業を支援するため、国土交通省の外局として観光庁が設立された。

しかし困ったことが生じている。外国からの観光客数が増加していても、大都市圏を中心に、宿泊施設が足りていないのである。今後、大規模なスポーツイベントや音楽コンサート、国際会議を開催すると、宿泊施設はかなり不足してしまいそうだ。この解消法の1つとして、民泊の推進が議論されてきた。民泊とは、自宅の一部または全部を他の人に貸して、宿泊料を受け取るサービスのことである。たとえば、一人暮らしをしている学生が、夏休みに実家に帰省する間、その部屋が活用されずに無駄になる。そこで帰省中にその部屋を民泊として貸し出し、お金を稼ぐということが考えられる。2016年にブラジルのリオ・デ・ジャネイロで開催されたオリンピック・パラリンピックでは、民泊紹介サイトを運営するAirbnb（エアビーアンドビー、以下エアビーとする）を通じて、8.5万人以上が民泊を利用したという（『日本経済産業新聞』2016年8月30日）。

このように民泊は、余っている部屋を提供することで、宿泊施設数の不足を解消するのだから、優れた解決策のようである。しかし民泊に対しては強い反発があった。

> **はじめのワーク**
>
> 宿泊施設の不足の解消に向けた民泊の導入には反発があったようだ。どのような立場の人がどのように反発したのだろうか。

I 社会と政治

民泊とは？

そもそも民泊は、旅館やホテルと何が異なるのだろうか。旅館やホテルの業務は、旅館業法という法律で定められている。所轄官庁は厚生労働省である。旅館業法は第二次世界大戦後の 1948 年に施行された古い法律で、多少の改正はあるものの、大きくは変化してこなかった。

旅館業法第 2 条では、旅館業の形式を、ホテル・旅館・簡易宿所・下宿の 4 つに分けて、構造や設備の基準を定めていた。簡易宿所はユースホステルやカプセルホテル、スポーツの合宿所などである。下宿は最近は少なくなってきたが、夏目漱石の『こころ』に出てくるような部屋の 1 室を借りる形態である。これら 4 つは、宿泊させることで料金をとるという点では同じだった。

厚生労働省健康局生活衛生課の基本的な立場は、民泊であっても料金をとるのであれば、旅館業法に沿って、ホテル・旅館・簡易宿所・下宿のどれかで営業許可をとるべきだというものだった。それに対して、民泊の推進派は、「民泊は旅館やホテルとは別のサービスなので、簡単な手続きで民泊を提供できるようにしてほしい」と考えたのである。

2 利益団体の綱引き

利益団体の役割

【はじめのワーク】ではどのように考えただろうか。民泊の推進に対して、反発したのは大きく 2 つあった。その 1 つは旅館やホテルの業界であった。旅館やホテルの立場にしてみると、民泊のサービスは自分たちの仕事を脅かす存在であるので、反発するのは当然だ。ただそのような自己利益だけとも言い切れない。「旅館やホテルは旅行業法だけでなく、建築基準法や消防法の規制を守るために大きな費用をかけて安全を確保しているのに、なぜ民泊だけ特別扱いなのか」と考えたのである。

旅館やホテルは、個々で反対活動をしても影響力は小さい。そこで、旅館やホテルの利益団体である「全国旅館ホテル生活衛生同業組合連合会」（以下、全旅連とする）を通じて、民泊に反対することになった。全旅連は、全都道府県にある旅館ホテル生活衛生同業組合の全国組織であり、組合員の旅館・ホテル数は約 16000 軒、支部の旅館ホテル組合数は約 1500 組合という巨大組織であ

る。このように業界の利益を代表し、政治的に影響力を行使しているため、全旅連は圧力団体といえる。

　利益団体が政治に影響を与える方法の1つは、国会議員に、その業界のメンバーのために活動してもらうことである。できるだけ自分たちに有利なルールを作ってもらい、不利となるルールをさけてもらおうとするのである。国会議員にとってみれば、利益団体から自分の政治活動を支援してもらえるという利点がある。

　国会議員も1人では無力なので、議員連盟を設立して、影響力を発揮しようとする。旅館やホテルの場合には、自民党には「観光産業振興議員連盟」が存在する。さらに、その上位の議員連盟として、「生活衛生議員連盟」が存在している。これらの議員連盟が、旅館やホテルのために、民泊の拡大に反対するように行動することになった。

　議員連盟は、その政策分野を監督する官庁に影響力を行使しようとする。法律をつくるときに、利益団体に有利な法案にしようとするのである。監督官庁にしてみれば、法案の作成にあたって、その法案にもっとも影響を受ける人たちから意見を聞いておくことは、問題を事前に回避できるなど、悪いことだけではない。こうして、利益団体・議員連盟・監督官庁という3つが結びつくことを**鉄の三角同盟**といい、その政策分野での影響力は大きくなる。

　　　　　　　　　　　　このようにして形成される鉄の三角同盟を評価して
　　　立場の違い
　　　　　　　　　　　　みよう。一般に、マスメディアは否定的に報じることが多い。旅館やホテル側の個別の利益を追求し、全体の利益をないがしろにしているといった批判である。また監督官庁が規制によって自由に競争させない状況を作ることから、経済成長の障害となる「岩盤規制」であると批判されることもある。

　しかし単純に、民泊に反対することが悪いとはいえない。民泊の例で、自分が旅館の従業員である場合と、自分が民泊をしてみようと思っている場合を考えてみよう。それぞれの場合で、おそらく意見が異なったのではないだろうか。旅館の従業員であれば民泊には反対するだろうし、民泊をしてみようと思っているのであれば賛成するだろう。このように考えると、立場の違いによって民

泊への見方が変わるのだから、一概にどちらが正しいとはいえないことになる。

　もう少し考えてみよう。民泊の推進派でも反対派でも、積極的に活動をするとして、どちらがより必死だろうか。おそらく反対派の場合である。もしあなたが旅館の従業員の場合、民泊が流行ってしまえば、旅館が苦境に陥り廃業するかもしれない。もしそうなると失業してしまう。そこで自分の職を守るために、民泊を止めるように必死に行動することになる。一方の推進派は、積極的に活動をするにしても、必死さの点で、反対派に及ばないと思われる。このように、その活動に参加する人の数とその熱意を考慮したうえで、推進派と反対派が綱引きをすると、反対派が勝つだろう。その結果、反対派の鉄の三角同盟は維持されることになる。もし民泊の推進派の数と熱意が反対派を上回ったら、その鉄の三角同盟が崩れることになるだろう。

　R.A.ダールは、**多元的民主主義**社会では、一部のエリートが牛耳っているのではなく、多数の集団が対立・競争や妥協・調整を繰り返しながら決定がなされると指摘している（ダール 1988）。民泊の事例から、私たちはまさにそれが現実に起こっていると気づくことができる。

認められた民泊

　その後をみてみよう。民泊の年間の営業日数は、180日間を上限とすることになった。また地方自治体に、理由があれば営業日数を180日未満に制限できる権限を与えた。全旅連にとって、民泊は認められないのであり、年間の営業日数を0日（つまり営業できない）にすることが目標だったはずである。なぜこのような事態になったのだろうか。

　理由の1つは、推進派として、不動産業界が積極的に活動したからである。不動産業者にとってみれば、民泊は空き家や空き部屋を有効に活用できる方法のひとつなのである。実際に、不動産業の利益団体もまた、国会議員に働きかけていた。そして自民党内に結成された「賃貸住宅対策議員連盟」は、民泊の推進に動くことになった。このように、民泊反対派の鉄の三角同盟に対抗して推進派が動いた結果として、民泊の年間営業日数は180日と決まったのである。

メインのワーク（RPG）

1．趣旨
　このワークでは、グループ内で意見を集約し、その意見に沿って他のグループを説得してもらう。このワークの世界の中では、あなたは小さな町の商店街に住んでおり、八百屋・魚屋・肉屋・服屋・ラーメン屋のどれかを経営していることにしよう。その商店街の隣に、大型ショッピングセンター（以下、SCとする）の建設が持ち上がった。SCは、野菜・魚・肉を取り扱い、商店街のお店よりも安くて種類も豊富になる予定である。その一方で、SCには、ラーメンと服を扱う予定はない。このSC建設をめぐって、商店街の経営者が集まって議論することになった。最後に全員による秘密投票で、商店街としてのSC建設の賛否を決定する。

2．準備
①お店の担当を1〜10のトランプの札で決める。
　a) 1＝肉屋、2＝ラーメン屋、3・4＝魚屋、5〜7＝八百屋、8〜10＝服屋のように分かれる。
　b) 10人以下ならば1種類、11〜20人ならば2種類、21〜30人ならば3種類、31〜40人ならば4種類のマークの札を使う。
②参加者は1人1つのお店を経営し、同じ業界でグループを結成していることにする。
③できる限り、受講生全員で1つのゲームを行う。

3．内容
①グループごとに集まり、SC建設に賛成か反対かを決める（5分）。このときに賛成または反対の理由を考える。そして他のグループをどのように説得するのかも考えてみよう。
②自分のグループの立場に賛同してもらえるように、他のグループの人を説得してまわろう（10分）。
③時間になったら、1人1票で秘密投票をする。SC建設に賛成ならば「○」、反対ならば「×」と、カードに記入して投票しよう。
④投票結果を確認したら、グループ内やクラス全体で、感じたことや考えたことを話し合ってみよう。

3 消費者とフリーライダー

民泊ユーザー　これまでは、民泊を提供しようとする団体と、民泊を阻止しようとする団体についてみてきたが、ここでは民泊を実際に使用する人（民泊ユーザー）の立場に焦点をあててみよう。民泊があれば、旅館やホテルが満室のときでも宿泊先を確保できるだけでなく、旅館やホテルがないような場所に泊まることもできる。このような民泊の便利さを知った民泊ユーザーが、利益団体を作って、民泊を推進するように行動するとしよう。旅館やホテルなどの反対派や、不動産業の推進派のどちらよりも、民泊ユーザー数の方が圧倒的に多いので、影響力は大きいはずである。

しかしどうも民泊ユーザーの影が薄いようである。理由を考えてみよう。1つの理由は、すでに述べたように、民泊ユーザーは「あると便利」という程度の熱意でしかないからである。しかしそれ以外にも、利益団体としてうまく機能しない理由がある。M. オルソンの提示した議論に沿って考えてみよう（オルソン 1996）。

誰かが民泊ユーザーのための利益団体を結成して、熱心に活動を開始したとしよう。それに賛同して熱心に活動に参加する人もいるだろう。しかし多数の人は、その活動の意義は理解しても、自分の時間を割いてまでは活動をやりたくないはずである。なぜならば、利益団体の活動のおかげで民泊が推進されたならば、自分が何もしなかったとしても、その恩恵を受けることができるからである。このように、何かをするときに必要なコストを負担せずに利益だけを受ける行為をフリーライド（ただ乗り）といい、そのような者を**フリーライダー**という。民泊ユーザーには、フリーライドを決め込む誘因が大きいのである。

全旅連の組織構造　納得がいかない読者も多いだろう。「旅館やホテルの側であってもフリーライダーは存在するはずだ」と考えるかもしれない。当然ながら、旅館やホテルの側でも、全旅連の活動にはほどほどに協力して、利益だけを得たいというフリーライドへの誘因は存在す

るはずである。しかし民泊ユーザーよりもフリーライダーになりにくいようだ。

その理由は、全旅連の組織構造を考えるとわかりやすい。すでに述べたように、全旅連は、旅館ホテル生活衛生同業組合の全国組織である。都道府県ごとに組合が設置されている。支部の旅館ホテル組合数は約1500組合であるが、現在の全国の市町村数は約1700である。旅館やホテルがほとんどない市町村などを除外して考えると、ほぼすべての市町村に組合の支部があることがわかる。組合員である旅館・ホテル数は全国で約16000軒である。これを旅館ホテル組合数1500で割ると、約11軒となる。つまりそれぞれの旅館ホテル組合は、平均して10軒程度の旅館やホテルで組織された利益団体であり、それが都道府県でまとまり、最終的には全国規模の組織となっているのである。

10軒程度のグループの場合、フリーライドをした旅館やホテルはすぐに明らかになり、批判されてしまうだろう。最悪の場合には、仲間はずれにされてしまうかもしれない。このように、構成する人数が少ないと、フリーライダーにはなりにくいのである。数の大きさは影響力の大きさにつながるので、政治では重要である。しかしフリーライダーの存在を考えると、多数よりも少数の集団である方が有利に働くのである。

【メインのワーク】では、どのように行動しただろうか。全員が経営者であるだけでなく消費者の立場でもあるので、この点で大型ショッピングセンターは利点である。ただし大型ショッピングセンター建設で経営が打撃を受けそうな八百屋・魚屋・肉屋と、自身の経営には影響がないラーメン屋・服屋では行動が異なったかもしれない。またグループの人数が多いほど、他の人に任せようとして、積極的に行動しない人が多くなったかもしれない。

4　身近なものを複数の視点から考える

シェアリングエコノミー　民泊の事例で、鉄の三角同盟があるのに、なぜそれを揺るがすような動きが出てきたのだろうか。ここではより大きな視点に立って考えてみよう。現在はグローバリゼーションの時代と呼ばれる。グローバリゼーションの定義は論者によって異なる。この章では、ヒト・モノ・カネ・サービスが国境を越えて自由に移動するようになった

1970年代以降の世界の潮流としよう。世界的な動きが日本に影響を与え、日本もまた世界に影響を与える時代である（第2・11・13章参照）。

現在の世界で注目される考え方の1つに、シェアリングエコノミーがある（スンドララジャン 2016）。これまでは、必要なモノは自身で所有するという考え方だった。しかしシェアリングエコノミーは、自分が必要なときには使用するが、使っていない場合には他の人に貸すという考え方である。購買して所有することよりも、共有（シェア）してお互いに使いあうという発想である。このような考え方は、インターネットやスマートフォンといった情報通信技術の発達と普及により、実現できるようになった。このように貸したい人と借りたい人をつなぐために、多様なサービスが提供されはじめている。

民泊の場合、最初に述べたエアビーが世界規模で民泊の貸し手と借り手をつなぐインターネットサービスを提供している（ギャラガー 2017）。エアビーはアメリカで2008年に設立された会社であり、2014年には日本支社も設立された。日本で旅館業法の改正を議論していた2017年時点で、世界191カ国の65000以上の都市で民泊を提供していた。2016年度には、日本を訪問した外国人が400万人、日本人も100万人がエアビーを利用したという（『日本経済新聞』2017年6月9日朝刊）。エアビーのサイトを見ると、日本国内の至るところで、借りることのできる部屋を見つけることができる。

上述したように、本来は、宿泊料金をとる場合には、旅館業法が適用されなければいけなかった。しかしエアビーのサービスが普及したため、民泊は事実上、可能であったし、取り締まるにしても数が多すぎて難しい状況だった。このような状況のなかで、政府は民泊を取り締まるのではなく、規制を緩和して民泊を認めることにしたのである。

終わりなき日常の政治　日本国内の視点から民泊をみてみよう。まず政府の規制改革である。日本や欧米の先進諸国では、1980年代以降に、政府による過度な経済への介入が市場をゆがめているとして、規制を緩和する政策がとられた。民泊の推進は、大きく見ると、この規制改革の1つである（第2章参照）。

次に2010年代半ばという時期を考えてみよう。この時期は、政府が経済政

策として、規制改革を進めている時期だった。その目玉の1つとして、民泊の推進が主張されたのである。与党自民党の一部が議員連盟を結成し民泊に反発している中でも、安倍晋三首相は民泊の推進に指導力を発揮できた。

首相が指導力を発揮できた理由の1つは、それを可能とするように、政府の組織が変化していたからである。2000年代初頭の改革により、内閣府が発足するなど、首相が指導力を発揮しやすいような機構改革が実施されていた（第9章参照）。実際に、民泊の推進を強く主張したのは、官邸に設置された規制改革推進会議（規制改革会議の後継組織で2016年に設置）だった。

2018年に住宅宿泊事業法（民泊新法）は施行され、民泊は認められた。これにともない、旅館業法も時代に沿うように改正された。第1節で述べた旅館業の形式は、改正後の旅館業法では、旅館・ホテル、簡易宿所、下宿の3つに分けられている。

しかしこれで民泊をめぐる政治が終わったわけではない。実際に、民泊を利用した人が深夜に騒いだり、ルールを守らずにごみを捨てたりした結果、地域住民との間に問題が生じている。地域住民のなかには、民泊に反対し、民泊を規制するよう求めている人も多い。第2節で、大きく2つあったと指摘した民泊反対派のもう1つは、その地域の住民であった。民泊をめぐる政治は、今後も続いていくのである。

これまでみてきたように、民泊をめぐって、利益団体や政府といった国内の視点だけでなく、国際的な視点からも政治学的に考えることができた。どの視点からの分析も政治学的には重要で意味がある。この章を通じて、日常のなかに多くの「政治」があることもわかっただろう。読者の周辺にある「政治」を見つけて、政治学的視点で検討してみてはどうだろうか。

まとめのワーク

この章で興味をもったことを1つ選び、まとめてみよう。そのときに、なぜ興味をもったのか、その理由を明らかにしよう。

キーワード

鉄の三角同盟
　ある分野において、利益団体・議員連盟・監督官庁という三者が結束することである。鉄の三角同盟はその分野で影響力を発揮するが、そこに参加できなかった集団の意見が排除されることが多い。

多元的民主主義
　政策決定過程では、すべてを決めるような特定の集団があるのではなく、多くの参加者によって競争的に決められていくという考え方である。R. A. ダールがアメリカのある都市の決定過程の考察をもとに主張した。

フリーライダー
　何かを実行するときに、その費用を負担せずに、その結果だけを利用するようなただ乗りをする人のことを指す。人は社会的な動物であり、集団を形成して生活を営むため、フリーライダーは常に生じる可能性がある。

ブックガイド

平野浩・河野勝編『新版アクセス日本政治論』日本経済評論社、2011 年
　第 4 章は利益団体についてわかりやすく説明しているので、最初に読んでみるとよい。またこの本では、他の章で、政治学の基本的な分野がわかりやすく紹介されているので、日本政治の全体について学ぶことができる。

辻中豊編『政治変動期の圧力団体』有斐閣、2016 年
　日本の利益集団研究を牽引してきた編者による最新の研究である。本章で取り上げたように1つの業界に注目するのではなく、圧力団体全体の状況を緻密な調査で明らかにしている。辻中豊による『利益集団』(東京大学出版会、1988 年) もぜひ読んでもらいたい。

村松岐夫・伊藤光利・辻中豊『戦後日本の圧力団体』東洋経済新報社、1986 年
　日本の圧力団体研究の嚆矢というべき研究である。明確な論拠をもって学問的に主張するためには、どれだけの緻密さが必要なのか、そのような視点で読んでほしい。

第1章　ワークシート

【はじめのワーク】
　宿泊施設の不足の解消に向けた民泊の導入には反発があったようだ。どのような立場の人がどのように反発したのだろうか。

_____

_____

_____

_____

_____

_____

【まとめのワーク】
　この章で興味をもったことを1つ選び、まとめてみよう。そのときに、なぜ興味をもったのか、その理由を明らかにしよう。

興味をもったこと：_____

_____

理由：_____

_____

_____

_____

基礎ゼミ　政治学

第2章
だれが公共財を提供すべきか？
——政府・市場・ガバナンス

市川　顕

イントロダクション

　人は社会のなかで生活する動物である。もし人が単独で野生のなかで生活しているのであれば、自分だけが使えるような私的（プライベート）な空間しか存在しない。しかし社会のなかで生活するのであれば、他人が存在することを前提とし、他人と調整していかねばならないような公的（パブリック）な空間が生まれることになる。このような空間は、どのように「統治（ガバナンス）」するのがよいのだろうか。

　統治という言葉を用いると、多くの人は「政府（ガバメント）」を連想するのではないだろうか。国や都道府県、市町村といった政府部門が統治を担うべきと考えるだろう。実際に、近代では主に政府が人々を統治する役割をはたしてきた。

　しかし「統治（ガバナンス）」は必ずしも政府を必要とするわけではない。経済活動においては、「市場」が大きな影響力をもってきた。市場には、消費者側の需要量と生産者側の供給量を、価格を通じて自動的に調整する機能がある。経済活動においては、市場に任せておけば、政府がなくてもうまくいくと考えられたのである。

　それでは政府ではなく、すべてを市場に任せればよいのかというと、そんなに物事は単純ではない。本章でも取り上げる公共財など、ある条件では自動調整機能が働かず、「市場の失敗」を引き起こしてしまうことがある。そのため、公的な空間をよりよく統治するために、政府や市場、さらに現在注目されている市民社会の協働が必要になってくるのである。

　グローバル化が加速した1990年代以降、「良き社会の統治のあり方」が模索されるようになった（市川 2015）。本章では、公的な空間をどのように統治するのか、政府や市場、市民社会の関係を視野に入れて考えていく。

1 公共財と政府の役割

財の性質　この世の中に存在する財やサービスは、排除性と競合性という2つの性質によって分類可能である。排除性とは、代金を支払わない者には利用や消費をさせない性質のことである。競合性とは、ある人がその財やサービスを消費したり利用したりすると、他の人が同時にその財を消費したり利用したりできない性質のことである。財やサービスは、排除性と競合性という2つの性質を軸に、4つに分類できる（表2-1）。

排除性と競合性がある財を私的財という。たとえば、読者が手にしているペンは私的財である。ペンは、文房具店で代金を支払ったために手に入った物であるので、排除性がある。また読者がペンを使っていたら他の人が同じペンを同時に使うことはできないので、競合性がある。私的財には、コンビニやスーパーで買う商品のほとんどが含まれる。

排除性がなく競合性がある財を共通プール財という。たとえば、駅前にある無料駐車場があてはまる。無料駐車場は、代金を支払わなくてもよいので排除性はない。駐車スペースには限りがあるので、一定数を超えると、駐車することはできないので、競合性があるといえる。共通プール財には、誰でも自由に使える公園などが含まれる。

排除性があり競合性がない財をクラブ財という。たとえば、民間のスポーツジムはクラブ財である。民間のスポーツジムは会費を払った者しか使うことができないので、排除性がある。しかしある運動機器を24時間365日独占して利用するわけではないので、競合性はない。クラブ財には、入場料を払う公園などが含まれる。

排除性がなく競合性もない財を公共財という。たとえば、綺麗な夕焼けがあてはまる。恋人どうしは無料で綺麗な夕焼けを

表2-1　4つの性質の財（横山（2007）を元に筆者作成）

	排除性がある	排除性がない
競合性がある	私的財 （ペン・コーヒー）	共通プール財 （無料駐車場・ 自由に使える公園）
競合性がない	クラブ財 （民間のスポーツ ジム・有料公園）	公共財 （信号機・夕焼け）

楽しめるので排除性はない。またある恋人どうしが綺麗な夕焼けを楽しんでいても、他の恋人どうしもまたその景色を楽しむことができるので、競合性はない。公共財には、交差点にある信号機などが含まれる。

市場の失敗としての公共財

4つのなかで、私的財は、代金を支払わない人は利用できず、ある人が使っている場合は別の人が使えない財である。このような財は、ビジネスの材料となりえることから、市場で扱われるべき財といえる。

それでは公共財の場合は、ビジネスの材料として、市場で扱うことはできるだろうか。灯台を例として、考えてみよう（佐和 1999）。灯台の光は一隻の船が利用したからといって他の船が利用できないといった性質のものではないため、競合性はない。また灯台の光を見て安全を確保した船から、個別に利用した分として費用を回収することは、事実上不可能であるので排除性もない。灯台というサービスは、海上交通に不可欠である。それにもかかわらず、競合性がなく排除性もない公共財の特徴をもつサービスであるので、ビジネスの材料としては提供されない。このように、公共財は、市場の失敗が生じる典型的な事例である。そこで公共財の提供は、市場に任せずに、政府が排他的に実施するのが望ましいとされたのである。

共通プール財とクラブ財は、排除性か競合性のどちらかだけをもっているため、「準公共財」と呼ばれる。後で述べるが、これらの財は、場合によってはビジネスには適さないことがあるため、政府によって提供されることもある。

はじめのワーク

公共財にあたるものを2つ探してみよう。それが公共財である理由を、排除性と競合性の面で説明してみよう。時間があれば、書いた内容を隣の人と説明しあってみよう。

2 政府の失敗

不満のメカニズム それでは、政府が公共財を提供すれば、すべてが解決するのだろうか。市場の失敗のように、政府が失敗することはないのだろうか。ここではまず、「管理されすぎた社会」という議論を紹介した経済学者の加藤寛の説明を引用しよう。

> 政府の財政は結局、国民の税金に頼らざるを得ないのだから、無限のサービスを供給できるわけではない。ところが消費者が要求する以上、それに応えなければ人々の不満が増大するし、公共財とはそういうものだということで、公的部門の機構や人員は拡大する一方で、これを削減するということは、公共財供給という政府の責任を果たさないということになる。かくて本来、人々の不満をいやすために作られた公共サービスが、いよいよ人々の不満を増大する結果となりかねない。 （加藤 1997）

加藤は政府に対する国民の不満のメカニズムを鮮やかに描き出した。もともと市場の失敗を解決するために、政府は公共財を提供することが期待されている。さらに国民は、政府に対して、クラブ財や共通プール財に含まれるサービスのなかで、公的な性質が強いものを提供するように求めた。たとえば、有料道路（クラブ財）や自然保護のための入山規制（共通プール財）などである。それらに加えて、市場で売買できるものであっても、日々の生活に必須であり公的な性質をもつようなものも、政府が提供することを要求していった。こうした例の1つとして、水道事業や公営の交通機関が挙げられる。これらは「公共サービス」として、政府が担うべきサービスとみなされるようになっていった。

この結果、国民の要望に応えるために、政府は肥大化していく。しかし税金に頼らざるを得ないため、公共サービスには予算の限度がある。政府がこれらのサービスを提供している状況であっても、国民は不満をもちつづけるのである。

費用対効果が低い理由 1970年代以降には、政府による公共財・公共サービスの提供が、市場部門と比較して、効果と効率の点

で劣っているのではないかという指摘がなされるようになった。前述の加藤は、研究者でありながら、政府税制調査会の会長を務め、日本国有鉄道、日本専売公社、日本電信電話公社の民営化に尽力した人物である。彼は1980年代に、政治家では中曽根康弘らと、経済人では土光敏夫らとともに、行政改革に乗り出した。この背景には、政府・国営企業による公共財・公共サービスの提供は、民間と比べて、その質や競争力といった点において劣っていたことがあった。

政府による公共財・公共サービスの提供への疑問は、同時に、官僚制への厭気をともなっていた。1989年に生じたベルリンの壁の崩壊をきっかけとして、ソ連を中心とする東側陣営が崩壊し、冷戦は終焉を迎えた（第11章参照）。その要因の1つは、官僚中心型社会である社会主義経済システムが機能不全に陥ったことにあった。

この時期には、社会主義陣営の官僚制だけではなく、市場経済陣営の官僚制にも同様の問題があると指摘された。加藤は「官僚の仕組みがなぜ問題になるのか。それは官僚制というものが、特殊な権力を持っているからである」と指摘し、その権力は第一にカネを配ることによって生じる権力であり、第二に情報を隠しておくことによって生じる権力であると述べた（加藤1994）。前者は、「カネ」という補助金などを通じた民間への影響力の行使であり、後者は官僚組織内の「情報」にいち早くアクセスしたい民間の心理を利用した影響力の行使である。

このような官僚の行動をモデル化したものが、**ニスカネン・モデル**である。このモデルでは、官僚にとって重要なことを、予算をできるだけ多くとるという予算最大化行動と、公共財・公共サービスの価格や費用に関する情報独占とみなしている。

重要な点は、公共財・公共サービスには、需要と供給により価格が決まるという市場原理が必ずしも導入されていないことである。そのため、獲得した予算を使うことを重視した公共財・公共サービスとなり、効率が悪かったり、効果が薄かったりする結果となってしまうことになる。また民間の参入が少なかったり、参入そのものがなかったりすると、競争がないことから、価格が下がらない。獲得した予算を使うために市民ホールを建設し、ほとんど使われないまま、多額の維持・修繕費が必要になっているような事例は、全国各地で見

受けられる。

　ここで考えなければならないのは、かけた費用に対してどの程度の効果があるのかという費用対効果である。先ほど述べたように、政府による公共財・公共サービスは、効果的・効率的に提供されておらず、費用対効果が低いという問題がある。これが政府の失敗といわれ、批判されることになったのである。

3　グローバル化と国家の弱体化

　地球規模の問題　　1990年代に入ると、国家はさらなる挑戦を受けるようになった。それがグローバル化の加速である。冷戦の終結後に生じた大規模変化として、ヒトの移動がかつてないほど容易になったことと、情報通信技術（ICT）の発達により、情報とカネの国境を越えた移動が瞬時に大量に可能となったことがあげられる。市場を基礎として世界を一体化していくグローバル化は、当時の世界で政治的にも経済的にも突出していたアメリカが、情報通信技術および金融の側面から後押ししたこともあって、より加速していくことになった（第1・11・13章参照）。

　このグローバル化によって、国家は大きな挑戦を受けた。それまでは、少なくとも国家が唯一、統治を行うことができる主体（これをアクターという）であると考えられてきた。本章の文脈でいえば、公共財・公共サービスを提供できるアクターは国家だったのである。しかし、グローバル化により、国家だけでは十分に統治できない状態に陥ってしまった。この状態を**アン・ガバナビリティ**という（香川 1999）。

　アン・ガバナビリティの事例というと、地球環境問題や地球規模の貧困の問題がすぐに思いつくだろう。これらは一国では、容易には解決できない。国際金融の流れもまた、一国では対処できなくなってきている。金融投資家は短期的な価格変動から利益を得ようとして世界中の市場で活発に取引をしている。それが原因で危機に陥った国も少なくない。たとえば、1997年にはアジア通貨危機が生じ、タイをはじめとした東南アジア諸国は深刻な金融通貨危機に見舞われた。

中央政府に頼らない　このような状況において、国家を伝統的に統治している中央政府だけに頼るのではなく、グローバルからローカルまでの多層な政治部門が、公共財・公共サービスの提供を分担すべきであると考えられるようになった。国際連合をはじめとする国際機関から、中央政府、地方自治体まで総動員することが視野に入ってきたのである。

　また、政府部門だけでなく、市場部門のアクターも、その効率性を利用して公共財・公共サービスの提供の一端を担う傾向が強まっていった。たとえば欧米では、日本では公共サービスの代名詞といわれる水道事業が、民営化された国もある。

> **メインのワーク（ディベート）**
>
> 「水道事業は民営化されるべきだ」という命題について、賛成と反対にわかれて、ディベートをしよう。
> ⇨ディベートの進め方（p.8・9）、資料2-1・2（巻末）参照

　市民社会組織による公共財・公共サービスの提供の動きも盛んになった。国境を越えてグローバルな問題解決をめざすもの、地域に根ざした問題に貢献するもの、さらには専門的見地から政府や国際機関への政策提言を行うものに至るまで、現在では、市民社会組織の存在を無視することはできない。

　このように、公共財・公共サービスを提供しつづけるためには、政府部門にのみ依存するのが困難な時代に入ってきている。それでは政府部門が公共財・公共サービスを十分に効率的・効果的に提供できないとしたら、どうしたら良いのだろうか。

　そこで、企業に代表される市場部門のアクターや非政府組織（NGOs）に代表される市民社会部門のアクターが統治に参加するという、より多層的で多アクターで複雑な**ガバナンス**構造が生まれることになったのである。

4 スリー・セクター・フレームワーク

政府・市場・市民社会の特徴　最後に、まとめと今後を考える手がかりとして、スリー・セクター・フレームワーク（菅原 2008）を紹介したい。スリー・セクター・フレームワークとは、政府、市場、そして市民社会という3つの部門（セクター）からなる枠組みを意味する。社会における公共財・公共サービスの提供について、政府のみならず、市場や市民社会もその担い手として期待される枠組みである（表2-2）。

それでは、政府や市場、市民社会は、それぞれどのような経済原理と政治原理によって動いているのだろうか。表2-2を見てみよう。政府部門は、公益を追求し公共財・公共サービスを提供することを、その経済原理とする。そのため、官僚制が敷かれ、そこではヒエラルヒー（ピラミッド型）状の組織が構築され、情報は上下（垂直方向）に流れる。官僚組織では前例が重視され、秩序が重んじられる結果、全体として平等で統制のとれた統一的対応を行うことがよしとされる。

政府部門のこのような特徴は、社会に対する公共財・公共サービスの提供において重要な要素だった。しかし、そうであるがゆえに、第2節で述べたニスカネン・モデルの欠点をもつことになった。その欠点とは、官僚にとって重要なのは予算の最大化であり、また公共サービスの価格や費用に関する情報独占であることである。

そこで、このような効率性に反する公共財・公共サービスの提供に対して風穴を開ける役割を期待されたのが市場部門である。市場部門は政府部門と違い、

表2-2　3つの社会経済セクター（古沢（2003）を元に筆者作成）

	政府	市場	市民社会
経済原理	公益追求 資本統制 〈公共財〉	私的利潤追求 資本拡大増殖 〈私的財〉	共益追求 資本制約 〈共通プール財／クラブ財〉
政治原理	平等 統制 統一性	自由 競争 効率性	公正 共生 協調性

場を管理するための中央機関を必要としない。情報は、市場部門においてはアクター間を左右（水平方向）に流れる。また、競争メカニズムを通じた市場への参入・退出も頻繁に行われる。この意味で、自由をその特徴とする。そして何より、市場は私的利潤追求という強い経済原理に基づいてアクターが行動することから、より効率性を重視する。このことは、より効率的な公共財・公共サービス提供の担い手として、市場アクターが期待される理由でもある。

では、市民社会部門はどのような特徴をもつのだろうか。市民社会部門は非営利であり非政府であるという特徴をもつ。したがって、協働や自律といった言葉がこの部門におけるキーワードとなる。公正・共生・協調といった政治原理が掲げられ、立場の違いを越えて、コミュニティとして1つの（多くの場合、緩い）まとまりを構成する。そのためには、共益を追求する経済原理を採用し、ボランティアや相互協力といった、みんなにとって「より良いもの」への自発的・自律的貢献が求められる。

よりよいガバナンスのために

スリー・セクター・フレームワークの意義は、これまでのように公共財・公共サービスの提供を政府部門のみが担うのではなく、これまで私的財を中心に扱ってきた市場部門や、これまで共通プール財／クラブ財を中心に扱ってきた市民社会部門が、それぞれの強みを生かして、公共財・公共サービスの提供に参加する様子を多角的に表すことに成功していることである。

政府、市場、市民社会の三者はそれぞれに長所もある一方で、短所ももっている。第1節で触れたように市場は公共財の提供が難しいし、第2節で述べたように、政府が失敗することもある。もちろん市民社会部門にも、資金不足、情報不足、人材不足、責任の所在の不明確さなどの問題は存在している（新川 2004）。しかし、この三部門が相互補完的に作用し、互いの長所を生かし短所を埋めたとき、よりよいガバナンスのありかたがそこにあるのかもしれない。

現在では、国際政治から地方行政にいたるまで、また、政治学のみならず経済政策や社会学の研究者らが、着々とガバナンスの事例研究を蓄積している。読者も社会のなかで生活している以上、自分の問題としてガバナンスを検討していかねばならない。本章を通じて、読者の身近な問題について、どのような

アクターがどのような資源（人材・資金・知識・技術など）を持ち寄り、どのような協働体制を組んで（アクターの組みあわせ）、公共財・公共サービスの提供（いわば問題解決）にあたっているのか、当事者として、考えてみてほしい。

> **まとめのワーク**
>
> 　公共財・公共サービスについて、政府、市場、市民社会が協働して提供している事例を探してみよう。また、スリー・セクターが協働する長所・短所についても考えよう。時間があれば、2人組になって書いたことを紹介しあおう。

I　社会と政治

キーワード

ニスカネン・モデル

　官僚にとって重要なのは第一に、予算をできるだけ多くとること、つまり予算最大化行動であり、第二に、公共サービスの価格や費用に関する情報独占である、というもの。官僚制の負の側面を理解する際に重要な概念である。

ガバナビリティ

　統治能力のことである。グローバル化以前においては、政府がガバナビリティを備え、国内の統治に努めてきた。しかしグローバル化により政府のガバナビリティが揺らいだことから、市場アクターや市民社会アクターがガバナビリティの一部を提供するようになってきている。

ガバナンス

　もともとは、政府による「統治」という意味であったが、地球規模の問題群を統治しようとする「グローバル・ガバナンス論」や、全国画一的ではなく地域に沿った対応を検討していた「ローカル・ガバナンス」などの議論を経て、多様なアクターによる、公的・私的な営みの結果としての、参加の要素を含む「統治」の意味合いをもつようになった。

ブックガイド

加藤寛『官僚主導国家の失敗』東洋経済新報社、1997年

　政府税調会長を務め、また学問分野においては公共選択論を日本に紹介した著者による官僚論。1980年代の新自由主義（市場原理の重視・規制緩和・公共サービスの縮小をその特徴とする）の普及、1990年代における規制緩和・情報公開促進の理由が、よく理解できる。

佐和隆光『漂流する資本主義――危機の政治経済学』ダイヤモンド社、1999年

　京都大学教授、滋賀大学学長も務めた著者による新自由主義経済批判の書。グローバリゼーションのなかで生まれ育ち、新自由主義経済体制を所与のものと考えがちな現代の学生にとっては必読の書。

中道寿一・朽木量編『政策研究を越える新地平――政策情報学の試み』福村出版、2015年

　政策情報学会10周年を記念して出版された著作。政治学、法学、経済学、社会学などの学問を融合・架橋し、政策に主軸をおく学問の新たなパラダイムを提示する政策情報学の視点から、政策研究の構築を企図している。21世紀の学問のあり方を展望する野心的試み。

第2章 ワークシート

【はじめのワーク】
　公共財にあたるものを2つ探してみよう。それが公共財である理由を、排除性と競合性の面で説明してみよう。時間があれば、書いた内容を隣の人と説明しあってみよう。

_____　理由：_____

_____

_____

_____　理由：_____

_____

_____

【まとめのワーク】
　公共財・公共サービスについて、政府、市場、市民社会が協働して提供している事例を探してみよう。また、スリー・セクターが協働する長所・短所についても考えよう。時間があれば、2人組になって書いたことを紹介しあおう。

事例：_____

_____

長所：_____

_____

短所：_____

_____

基礎ゼミ　政治学

第 **3** 章

メディアは市民に影響を与えるのか？
――メディアの役割と影響力

岡田陽介

> イントロダクション

　昨日のテレビでは、どのような政治的なニュースが扱われていただろうか。国内政治のスキャンダルの続報や、何かの法案成立反対を訴えるデモの様子かもしれない。また、日本と諸外国の外交問題を伝える内容や外国の選挙の結果かもしれない。さまざまなニュースのなかで、私たちは関心のあるニュースを選んで深く見たり聞いたりするだろう。逆に、バラエティ番組ばかり観ていて、政治のニュースはまったく観ないという人もいるだろう。しかし、そのような人であってもテレビのチャンネルをあちこち変えるときに、一瞬、そうしたニュースに触れたりはしていないだろうか。

　新聞や Web のポータルサイトはどうであろうか。そこにも国内外のニュース記事が溢れている。昨日のプロ野球や J リーグの試合結果、さらには芸能ニュースもある。政治的な出来事に関心がなくても、ニュースの見出しは目に入るだろう。逆に政治的な出来事に関心がありスポーツに興味がなくても、昨日の試合結果を伝える見出しは目に飛び込んでくる。

　私たちは日常的にさまざまなメディアに触れ、意図するか否かにかかわらず、政治的なニュースに日々触れている。メディアによって流されるさまざまな政治ニュースは、私たちの政治に対する認識をどのように形成し、それにどのような影響を与えているのかについて考えていくことにしよう。

1 メディアの影響力

> **はじめのワーク**
>
> 数人でグループを作り、昨日テレビで扱われていた政治的なニュースを思い出してリストアップしてみよう。また、スマートフォンやノート PC を使って、現時点でポータルサイトなどに掲載されている政治的なニュースにはどのようなものがあるか確認し、媒体間での違いを見て書いてみよう。

【はじめのワーク】では、テレビで扱われていたニュース、ポータルサイトに載っていたニュースに違いは見つかっただろうか。私たち市民が実際に政治の情報を得る最大の手段はメディアであり、それは世論形成に影響を及ぼすだろう。このようなメディアの影響力について、実際に市民に影響を与えた事例や実際の政治に大きな影響を与えた事例から考えてみることにしよう。

1938 年 10 月のアメリカで H. G. ウェルズの小説『宇宙戦争』を題材にしたラジオドラマが放送された。読者にはあまり馴染みがないかもしれないが、ラジオドラマとは、俳優や声優が登場人物を演じ、さまざまな効果音とともに放送される形態のラジオ番組である。そのラジオドラマの内容は、宇宙人（火星人）が地球に襲来したというもので、実際のニュース報道を模した形式で現場からのリポートの様子などが織り交ぜられ放送された。もちろん、放送ではドラマであることがアナウンスされたが、これを聴いた市民が、実際に宇宙人（火星人）が襲来したと思いパニックを引き起こしたとされる。パニックの程度には諸説あるが（キャントリル 2017）、このエピソードはメディアが市民に影響を与え得るということを示唆している。

そんなパニックは現代では起きないと思うかもしれない。しかし、日々のニュース番組で何かの防災訓練を伝える場合などに、画面の端に「訓練」と示されているのを見たことはないだろうか。同様のことが現在でも起こりかねないことに配慮した結果であろう。また、SNS などで友人から流れてきたニュースをその真偽を確かめぬまま、拡散してしまう例といえば、現実感をも

てるだろう。

　このように、メディアによる報道は、その受け手に何かしらの影響を及ぼす可能性がある。同時にこれは、伝えられ方やその内容によっては、受け手の印象が変わってしまうことも示唆している。つまり、取材された側が意図したものとは異なるかたちで報道され、受け手に伝わってしまう可能性も孕んでいるということになる。

　そうしたメディアの特性を理解し、いわゆるワン・フレーズ・ポリティクスと呼ばれる手法を用いたのが小泉純一郎元首相であるといわれる。小泉元首相は、会見場などでの取材ではなく、各記者が取材対象者を取り囲み質問を行う「ぶら下がり」と呼ばれる取材形式でワン・フレーズの短い発言を多用した。短い発言はテレビや新聞などでは、その短さゆえにほとんど編集や要約がなされずに報道されることになり、メディアの影響力を用いつつ、しかも受け手に意図したことを的確に伝えられるのである。

2 メディアの効果論の変遷

人々の態度・行動への影響

　メディアに関する研究では、メディアにはどのような効果があるとされてきたのだろうか。蒲島らの整理をもとに、ここではその変遷を辿ってみることにしたい（蒲島・竹下・芹川編 2010）。

　まず、メディア研究で最初に登場した考え方は、メディアの影響力は強く大きなものであるとする即効理論や皮下注射モデルと呼ばれるものである。これは、先述のラジオドラマのエピソードや、戦時下におけるヒトラーのメディア利用による影響力のように、メディアが人々に強力で画一的な影響を及ぼすと想定している。

　しかし、メディアの効果についての調査手法が発展するにつれ、マスメディアの効果は、その内容が直接受け手に届くのではなく、オピニオンリーダーと呼ばれる人々を介して伝わる限定的なものであるという立場が登場する。つまり、即効理論が想定する強い影響力や画一的な影響力よりも、その効果は小さいとするものである。これは限定効果論と呼ばれ、メディアの効果の種類とし

て、人々がもっている意見や考えを改変してしまう効果ではなく、そもそももっている考えや意見を補強（ないしは現状維持）する効果に焦点が当てられた。

人々の認知への影響　さらに、研究の進展によって、マスメディアの別の種類の効果に焦点が当てられるようになる。これは、メディアの効果が、人々の「態度」や「行動」に影響を与えるかどうかを見るものではなく、その前段階である「認知」に対する効果に焦点を当てたものである。こうした新しい効果理論が明らかにしたものとして**議題設定効果**がある。これは、たとえば、メディアの報道によってある争点が強調されると、受け手である有権者のなかでその争点への関心が高まり、有権者がその争点を重要だと認知するような影響をもたらすというものである。

また、メディアの報道によって、ある争点が有権者のなかで重視されると、その争点が政治的な評価を行う際に重視されるというプライミング効果や、テレビのような日常生活に溶け込んだメディアにより長時間接するような人は、現実に対して、テレビで報道・放送される共通の見方や価値観が長い時間をかけて形成されていくという培養理論もある。さらに、メディアが各争点をどのような枠組みで取り上げるかによって受け手の解釈が異なるというフレーミング効果、メディアの報道などによって世の中の他者の意見を知り、自身の意見が少数派であると知ると自身の意見表明を控えてしまう沈黙の螺旋仮説なども提示されている。

このように、メディアは人の「認知」「態度」「行動」のそれぞれのレベルに対して影響を及ぼすものであると考えることができる。

議題設定効果やフレーミング効果のように、伝え方や切り取り方ひとつで、受け手に与える影響も異なってくる。【メインのワーク】に取り組んでみよう。

I 社会と政治

メインのワーク（RPG）

1．趣旨
　このワークは、あなたが記者となって取材した内容を、他者に正確に伝えるゲームである。ゲームの趣旨は、伝える人や切り取り方によって、受け手への伝わり方がどのように変わるのか、その違いを体験することにある。

2．準備
① 2人でペアを作る。
② 自分の担当する取材対象を決める。

　　首相官邸の Web ページの「施政方針／所信表明」から、任意の演説を選択する（2人それぞれ異なるものを選ぶ。時間の都合によっては「施政方針／所信表明」の「はじめに」の部分のみでも良い。また、選挙時に各媒体で公開される「各党党首の第一声」や公開討論会の動画やその文字起こしテキストなども利用可能であろう）。
③ 文字起こしされたテキストを読み、内容を把握する。
④ トランプの札を裏にして山を作る。

3．内容
① 記事の文字数設定
　a）トランプの札の中から、それぞれ1枚引く。
　b）引いたカードの数字に 10 を掛けた数を自分の記事の文字数とする。たとえば、「1」を引くと短い「見出し」程度の文字数、「13」を引くと「Twitter での投稿」程度の文字数となる（状況に応じて掛ける数を変えても良いだろう）。

② 記事の作成と伝達1回目
　a）自分の文字数を厳守して、演説内容を伝える客観的な記事を作成する。
　b）お互いの記事が完成したら、交換して相手の記事を読み、わかったことを 50 字以内でまとめてみる。
　c）まとめた内容をお互いに交換し、自分が伝えたかったことがどの程度伝わっているか確認する。
　d）ペアで、本来伝えたかったこと、伝わったこと／伝わらなかったことについて話しあってみる。

③記事の作成と伝達2回目
　a）「施政方針／所信表明」から、先ほどとは別の演説を選択し内容を把握する。
　b）トランプの札の中から、それぞれ1枚引く。
　c）引いたカードの数字に10を掛けた数を自分の記事の文字数とする。
　d）引いたカードが「赤札」なら好意的な記事を、「黒札」なら非好意的な記事を作成する（どちらで作成するかは相手には知らせない）。
　e）自分の文字数を厳守して、演説内容を伝える記事を作成する。
　f）お互いの記事が完成したら、交換して相手の記事を読み、わかったことを50字以内でまとめてみる。また、好意的な記事か非好意的な記事かを判断し、最後に、どちらと感じたかを記載する。
　g）以下、②のc）・d）と同様に、お互いに話しあってみる。
④ゲームをした感想を話しあう。

3 メディア報道による選挙への影響

選挙報道とアナウンスメント効果

【メインのワーク】はいわゆる伝言ゲームをメディアに見立てたものである。文字数の違いによる切り取り方ひとつで、受け手に与える内容や影響も異なってくる。また、切り取り方によっては好意的にも非好意的にも伝えることが可能になる。たしかに、メディア側にそうした意図はないかもしれない。しかし、ある情報を報じるか報じないかの選択自体については、メディア側に主導権が存在している。

　影響力があるからこそ、中立的な報道がより重要な場面がある。たとえば、選挙運動期間中のテレビのニュースを思い浮かべてみよう。党首や候補者が出演する番組では発言時間が均等に割り振られたり、特定の候補者について報道がなされたりするときには、併せて他のすべての立候補者の名前が伝えられるのではないだろうか。また、ある選挙戦の様子が映像で流れるときには、候補者の名前や顔が特定できないようにトリミングされていたり、候補者のたすきの名前がわからないように処理をされていたりする。

こうした配慮は、公職選挙法や放送法で定められた「選挙の公正」に基づいた報道側の対応である。つまり、特定の候補者のみ取り上げたり報道したりすることによって、その候補者に有利になる可能性や、そのことを危惧する各陣営からの指摘を避けるための対応である。

　選挙の情勢報道が、有権者の投票行動に影響を与えることを**アナウンスメント効果**と呼ぶ (蒲島 1988)。アナウンスメント効果は、負けそうだと報じられた候補者に対して、判官贔屓が生じ投票が促されるアンダードッグ効果と、勝ちそうだと報じられた候補者への投票が促されるバンドワゴン効果に分けられる。また、報道によって最終的な選挙結果を予測し、結果のバランスを考慮して投票するというバッファープレイヤーの存在も知られる。ただし、こうしたアナウンスメント効果が実際に発生しているのか否かについては実際のところよくわからない。なぜなら、それぞれの効果が同時に発生することによって相殺され、有権者全体ではその効果が薄まってしまうと考えられるからであり、この効果について正しい理解を得るためには厳密な調査や実証が求められる。

中立性と表現の自由　メディアの中立性が問題となった例も存在する。たとえば、1993 年の衆院選時の「椿発言問題」である。これは、テレビ朝日の取締役報道局長であった椿貞良氏が、「非自民政権が生まれるよう報道せよと指示した」という趣旨の発言をしたとされ、椿氏の証人喚問に至った。

　また、2014 年衆院選時には、自民党から NHK および在京テレビ 5 社の編成局長・報道局長に対して「選挙時期における報道の公平中立ならびに公正の確保についてのお願い」と称して中立的な報道の要請がなされている。これは、報道される側に、中立性を欠いた報道が選挙結果を左右しかねないという懸念が存在していることを示している。

　ただし、報道側には「表現の自由」も存在しており、中立性や公正公平の確保については、放送法に規定されるような「意見が対立している問題については、できるだけ多くの角度から論点を明らかにすること」という視点に基づき、報道側が自律的に判断することが求められる (砂川 2016)。

4 メディアの役割と情報の受け手としての市民

見たいニュース、見たい媒体　これまで、メディアがいかに影響力をもつのかをみてきた。次に、メディアが影響力をもつのは、メディアの報道内容に基づく問題ではなく、私たち、受け手に起因する問題でもあるという点をみてみよう。

冒頭で紹介したように、私たちは、見たいニュースだけ選んで見るという側面がある。これは**選択的接触**と呼ばれるが、テレビや新聞で見たいニュースを選んだり、ポータルサイトで興味のあるニュースをクリックしたりするのは、まさに、選択的にニュースに接触していることを意味する。さらにいえば、そもそもテレビを見るのか、新聞を読むのか、はたまたポータルサイトを見るのかも選んでいるといえる。また、仮に選択的に接触していても、副産物的に他の報道に触れることもあるだろう（小林 2011）。

世論形成と権力の監視　次に、そうした環境のなかでのメディアの役割を考えてみよう。メディアの役割の1つに世論形成の側面がある。つまり、メディアによって伝えられた内容を基に、世論が形成されるというものである。しかし、情報の受け手である市民が特定の情報にしか接触しなければ、結局、そもそももっている態度を維持したり、より強化したりすることにしかならず、意見や態度に偏りが生じてしまう点については、私たち受け手も自覚的でなければならないといえる。

メディアのもう1つの役割に、権力の監視の側面がある。メディアがその取材力を駆使し、政治スキャンダルや不祥事、政治家の不正や失言などさまざまな問題を暴き、それが大きな政治的事件に発展することもある。たとえば、1972年にアメリカの民主党全国委員会本部に盗聴器が仕掛けられようとした事件が発生し、共和党のリチャード・ニクソン大統領の関与が明らかとなり大統領辞任に発展したウォーターゲート事件や、2016年に明るみになった韓国・朴槿恵大統領の辞任へと至る一連の問題では、メディアの取材に基づく報道がその発端ともなっている。

I 社会と政治

このように、メディアの報道は中立的でありながら、政治を監視し政治を一変させる芽を含んださまざまなものから成り立っている。また、受け手にさまざまな伝わり方はするものの、その報道によって世論を形成したり、メディアそのものが政治的主体として影響力を発揮する存在（政治的アクター）となったりすることから、メディアを政府などの支配的な権力から独立した第四階級や司法・行政・立法と並んだ第四の権力と称することもある。

メディア・リテラシーを高めよう

現代社会では多様なメディアの媒体が存在し、多様な情報が溢れている。もちろん、そこで流されるすべての情報に触れることはきわめて困難である。また、近年では、インターネット・メディアやソーシャル・メディアの発達により、さまざまな情報が瞬く間に広がる。2016年のイギリスのEU（ヨーロッパ連合）離脱（ブレグジット）の国民投票やアメリカ大統領選挙の際には、フェイクニュースやポスト・トゥルースといった言葉が話題になった。これは、必ずしも事実でない情報が伝えられ、それが世論形成や人々の意思決定に際して影響を及ぼすことを指し、情報の客観性や情報が事実かどうかは必ずしも重要でない社会を招いたり、ひいては既存のメディアの信頼性すら脅かしたりする事態となっている。

正確な情報や不正確な情報が多様なメディアの媒体によって流れ、私たち情報の受け手はすべての情報に触れるわけではなく、選択的に触れている。そうしたなかで、私たち情報の受け手としての市民にとってより重要になるのは、メディアからの情報を受動的に消費するだけでなく、情報の背後にある文脈や知識を蓄え、主体的・批判的に読み解く能力を高める姿勢や、多様なメディアの媒体に触れるための能力、すなわちメディア・リテラシーを高める姿勢であろう。

まとめのワーク

メディアの影響力について、本章で重要だと思った用語を4語以上用いてまとめてみよう。用いた重要語にはアンダーラインを引くこと。また、現代の事例にも触れてみよう。

> キーワード

議題設定効果
　メディアの報道で重要なものとして取り上げられた争点が、受け手にも重要争点であると認知される効果。受け手に認知が広がり、社会的問題の共有へと発展すれば、実際の政策決定に影響を及ぼすこともある。

アナウンスメント効果
　選挙において、情勢を伝える報道が有権者の投票行動に影響を与えること。ある候補者（や政党）が勝ちそうだと報道される場合と、負けそうだと報道される場合によって、それぞれ影響が異なる。

選択的接触
　自分の既存の態度にあった内容の報道を選ぶこと。より広い選択的なメカニズムを想定すれば、選択的知覚（既存の態度にあうように解釈する）や選択的記憶（既存の態度にあうもののみ記憶する）もある。

> ブックガイド

逢坂巌『日本政治とメディア――テレビの登場からネット時代まで』中公新書、2014年
　戦後日本の「政治とメディア」について、新聞・ラジオ・テレビ・雑誌・インターネット・ソーシャルメディアと多岐にわたるメディアと政治との関連を歴史的に振り返り、学ぶことができる。

谷口将紀『シリーズ日本の政治10　政治とマスメディア』東京大学出版会、2015年
　政治とマスメディアの関係について、近年の研究潮流を追いながら、日本と国外との比較、さらには実証研究を取り上げ、理論的側面、実証的側面、それぞれからわかりやすくまとめられた教科書。政治とマスメディアについて広く学べる一冊。

ラザースフェルド、P.F.／ベレルソン、B.／ゴーデット、H.『ピープルズ・チョイス――アメリカ人と大統領選挙』有吉広介監訳、芦書房、1987年
　メディアの効果について科学的な調査に基づいて著された研究書の古典的な一冊。現在のインターネットが発達した社会においても示唆を与える。E. カッツとラザースフェルドの『パーソナル・インフルエンス』と併せて読んで欲しい。

第3章 ワークシート

【はじめのワーク】
　数人でグループを作り、昨日テレビで扱われていた政治的なニュースを思い出してリストアップしてみよう。また、スマートフォンやノートPCを使って、現時点でポータルサイトなどに掲載されている政治的なニュースにはどのようなものがあるか確認し、媒体間での違いを見て書いてみよう。

テレビのニュース	ポータルサイトなどのニュース
_____	_____
_____	_____
_____	_____

媒体間での違い：_____

_____

【まとめのワーク】
　メディアの影響力について、本章で重要だと思った用語を4語以上用いてまとめてみよう。用いた重要語にはアンダーラインを引くこと。また、現代の事例にも触れてみよう。

_____

_____

_____

_____

_____

第Ⅱ部
価値と政治

基礎ゼミ　政治学

第4章

民意はなぜ尊重されるべきか？
―― 民主主義の価値

松元雅和

イントロダクション

　私たちは、政治において民意が尊重されるべきであることを当然のこととして受けとめている。「清き一票」への訴えは、国政・地方選挙のみならず、学校の生徒会選挙においても日常的にみられる。その一方で近年、イギリスのEU離脱（ブレグジット）をめぐる国民投票や、アメリカのトランプ大統領誕生のニュースが驚きをもって迎えられたことも記憶に新しい。民意の行く先に私たち自身が戸惑いを感じることも多い現在、あらためて民主主義の価値について、原理的に考えなおしてみる必要がないだろうか。

　実のところ、政治の素人に政治のかじ取りをさせてよいのかという民主主義への懸念は、その生まれ故郷である古代ギリシアでもすでに存在していた。一国の大事な意思決定であればこそ、なぜその道の専門家に委ねないのだろうか。一般市民と専門家を比べれば、後者の判断の方が明らかに信頼に足りそうである。たとえば、古代ギリシアの哲学者プラトンは、師匠のソクラテスが民衆法廷で死刑を宣告されたことに絶望し、哲学者が統治者となる哲人王の思想を唱え、学園（アカデメイア）を設立して人材育成に専念した。

　本章では、政治を一種の「集合的意思決定」としてみなしたうえで、意思決定方式の1つである民主主義の是非について考えてみる。今日の世界を見渡してもわかるように、政治の意思決定方式は民主主義だけではない。血筋がものを言う王朝的形式もあれば、宗教指導者が政治の最高指導者となる形式もある。こうした他の意思決定方式との違いを意識しつつ、まずは民主主義とは何かについて考えてみよう。

1 民主主義とは何か

> **はじめのワーク**
>
> 現代日本における国民の政治参加のあり方を、具体例も交えながら列挙してみよう。

　民主主義とはざっくり言えば、一般市民が政治のかじ取りをすることである。たとえば、日本国憲法前文には次のような文言がある。「そもそも国政は、国民の厳粛な信託によるものであつて、その権威は国民に由来し、その権力は国民の代表者がこれを行使し、その福利は国民がこれを享受する」。一口でいえば、民主主義とは被治者による統治を意味している。一般市民が被治者であるのはどの政治体制も共通だが、一般市民が同時に統治者になるのは民主主義に特有である。

　憲法では、この民主主義の理念は「人類普遍の原理であり……」と続く。しかしこれは言いすぎである。歴史を振り返ってみれば、人類が君主制や貴族制のような、非民主的政治体制をとってきたこと、むしろ少し前まではそれが主流であったことはすぐわかる。世界史の授業で習ったように、フランスで革命が生じ、国民議会がフランス人権宣言を制定したのは 230 年ほど前のこと、あるいは日本史の授業で習ったように、明治憲法が発布され、帝国議会が設置されたのは 130 年ほど前のことにすぎない。

　さてそれでは、今の私たちが知っている民主主義の政治制度とは何だろうか。たとえばそこには議会（国会）がある。思えば世界でも日本でも、議会政治は近代民主化運動の中心的主張だった。そして議会を構成するのは、国民が選挙で選出した議員、いわゆる政治家である。政治家は国民の代表として、個別政策の是非を議会内で議論し、決定する。要するに、一般市民は政治家という別の人格の選出を通じて、政治的決定と間接的につながっているのである。

　しかし、これが民主主義の唯一の形態ではない。たとえば、先に民主主義の生まれ故郷として紹介した古代ギリシアでは、政治の参加資格をもつ自由人が、

個々の争点について民会内で直接的に議論し、投票することができた。これは、上で紹介した**間接（代議制）民主主義**と区別して、**直接民主主義**と呼ばれる。たとえば現代日本でも、地方自治における住民投票制度、憲法改正議論とともに注目される国民投票制度など、個別政策の是非について、一般市民の声を直接反映させる仕組みがある。

直接民主主義と間接民主主義の関係がどうなっているか、どうあるべきかについては、近年の街頭デモの活性化などを受けて、あらためて政治学者の注目を集めている（早川 2014；山崎・山本 2015）。とはいえ、国家の人口や規模の問題もあり、また政策の範囲や性質の問題もあり、どちらの意思決定方式が本来の民主主義か、という問いにはあまり意味がないだろう。そこで以下では、直接的であれ間接的であれ、こうして一般市民の意思を政治に反映させることを、民主主義の要点だと捉えておこう。

2　民主主義の道具的価値

一般市民と専門家　そもそもなぜ、一般市民の意思を政治に反映させることが望ましいのだろうか。私たち一般市民の多くは、個別政策について専門知識を備えているわけでもなければ、それを一から学ぶ時間や余裕があるわけでもない。たとえば、消費税増税の是非について取り上げよう。私たち一般市民は、増税が景気や経済に与える影響、また増税が国の財政にもたらす変化などについて、どこまで正確な知識をもっているだろうか。むしろ、こうした個別政策の是非については、経済や財政の専門家に頼った方がよいのではないか。

たしかに、一人ひとりを比べてみれば、一般市民がもっている知識は、専門家がもっているそれに比べて貧弱かもしれない。しかし実は、民主主義が原理的に備えている機能は、この一般市民の能力の限界を大きく引き上げることができる。すなわち、集合知をうまく活用することによって、一般市民は専門家をも凌駕（りょうが）するような力を発揮できるのである。民主主義に価値があるのは、それが数ある意思決定方式のなかで、正解を導くための最善の道具だからである。この考えを根拠づけたものとして、**コンドルセの陪審定理**がある。

コンドルセの陪審定理 ある人がある決定につき、正しい判断をする確率を v とする。ここで、一般市民 101 人の v が一定して 0.6 であるとしよう。すなわち、かれら一人ひとりは、一度の意思決定につき 60％の確率で正解を当てる能力がある。これは少なくとも、表裏のコイントスで物事を決めるよりも合理的である。その一方で、当該の政策について有益な知識を備えた専門家が 1 人いる。専門家の v は 0.9 であるとしよう。すなわち専門家は、一度の意思決定につき、90％の確率で正解を当てる能力がある。

ある政策の是非につき、二者択一の決定を下すとしよう。一般市民と専門家の意見のうち、どちらの決定がより信頼できるだろうか。一見すると、答えは明らかだろう。数字のうえでは、$v=0.6$ の一般市民より、$v=0.9$ の専門家の方が、より正解に近いように思われる。しかし、民主主義において集合知の機能が真に発揮されるのはここから先である。なぜなら、一般市民は単独ではなく、複数——この場合 101 人——いるからだ。

101 人の一般市民が、同一の政策の是非について、各自の独立した判断に基づいて意見を表明したらどうなるだろう。そのなかには正解を導いた人も、不正解を導いた人もいる。民主主義はこれらの複数の意見を公平中立に、同じ一票として集計する。すると、サイコロを無限に振りつづければ、各面の出現割合が限りなく 6 分の 1 に近づいていくように、正解者側の全体に対する割合は、限りなく 60％に近づいていくだろう。この現象は、確率論の世界で「大数の法則」と呼ばれている。

正解者側の全体に対する割合が、大数の法則により 60％に近づくまで十分に意見を集めたところで、多数決をとったらどうなるだろう。60％の正解者側が 40％の不正解者側にほぼ確実に勝利する。正解者側が多数決に勝利する確率は、図 4-1 が示しているように、参加人数が増えれば増えるほど飛躍的に 100％に近づく。要するに、$v=0.6$ の一般市民が 101 人集まるだけで、多数決を用いてかれらが全体として導き出す結論の正解率は、$v=0.9$ の専門家のそれをも凌ぐのである。

理屈はこうである。まず一般市民 3 人（a, b, c）の場合を考える。多数決の結果、正解者側が勝利するのは、2 人以上が正解者である場合である。2 人が正解者である確率は、2 人の組みあわせが（a, b）、（a, c）、（b, c）の 3 通りあ

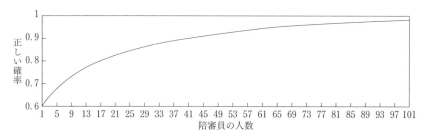

図 4-1　$v=0.6$ の場合，多数決の結果が正しい確率（坂井 2015：65）

るので、0.6×0.6×0.4×3＝0.432。3 人とも正解者である確率は、0.6×0.6×0.6＝0.216。合計すると正解率は 0.648。すなわち、一般市民 1 人の正解率が 60％であるのに対して、3 人で多数決をとった場合の正解率は 64.8％に上昇する。このように参加者を増やしていくと、101 人の段階で、正解率は約 98％に達する（List & Goodin 2001：287）。

　もしコンドルセの陪審定理が正しければ、私たちは民意が尊重されるべきことの強力な理由を手に入れたことになる。なにしろ、多数の素人の意見は、一人の専門家の意見よりも正解に近づくことが数学的に証明されているのだから。ここでは、いわば「数がものを言う」のである。以上を踏まえて、【メインのワーク】に取り組もう。はたして、私たちの社会の行方を占う大事な意思決定に際して、十分知識をもたない一般市民の声はどこまで信頼できるだろうか。

メインのワーク（RPG）

1．趣旨
　このワークでは、民主主義の実践として、消費税増税、カジノ施設設置、飲食店禁煙化など、具体的な政策課題について議論し、その是非を決定する。情報量の異なるグループ間で、どのような決定の違いが生じるかを体験してもらうことが目標である。

2．準備
①クラス全体で共通の政策課題を1つ決める。
②aからdまで4種類のグループを作り、下記のように、グループのあいだで利用できる情報に差をつける。ただし、7人以上のグループができる場合には、適宜a〜cグループに割り振り、dグループは最大6人までとする。

　　aグループは、資料やスマートフォンなど、情報源をいっさい排除して、現在知っている情報だけを用いる（素人役）。

　　bグループは、スマートフォンなどの情報デバイスを排除するが、図書館から借りだした関連資料を用いることができる。

　　cグループは、関連資料およびスマートフォンなどの情報デバイスを用いることができる。

　　dグループは、すべての情報源を用いることに加え、議論が行きづまった場合には教員に相談することができる（専門家役）。

3．内容
①各グループに対して認められた情報源に基づき、共通の政策課題に関する情報・データを収集する。
②グループ内で議論のうえ、政策の是非を決定する。
③a〜cグループはグループごとに発表者を決め、政策の是非とその根拠について全体に発表する。
④最後に、クラス全体の多数決で政策の是非を決定し、すべての情報源を用いることができる専門家役のグループが出した結論と比較する。

3 民主主義の危険性？

一般市民の合理性　【メインのワーク】の結果はどうだっただろうか。もちろん、そこで扱った政策課題に関して、必ずしも現時点で定型的な「正解」があるわけではない。ともあれ、私たちは一般論として、知識量が多いほど、より正しい判断をする可能性が高いと仮定してよいだろう。もしクラス全体の多数決の結果と、専門家役のグループが出した答えが重なれば、議論・多数決・決定のプロセスから成る民主主義は、良い結果をもたらすための意思決定方式として機能したとみなすことができる。

ところで、コンドルセの陪審定理は、一般市民が一定してコイントス以上の正解率（たとえば $v=0.6$）をもつことを前提にしている。しかしながら、仮にその正解率がコイントス以下（たとえば $v=0.4$）だったらどうなるだろうか。すると同じ定理から、今度は多くの人が決定に参加すればするほど、不正解者側の全体に対する割合は 60％に達し、40％の正解者側を凌駕することになるだろう。その結果、多数決によって導かれる答えは、逆に限りなく不正解に近づくことになる。

これが意味していることは、民主主義が良い結果をもたらすかどうかは、自動的に決まるわけではないということだ。むしろそれは、一般市民の正解率が $0.5<v<1$ に収まるか $0<v<0.5$ に下落するかによって、振り子が一気に振れるように、真逆の結論を導きかねないのだ。民主主義という意思決定方式は決して、いつでもどこでも通用する万能のレシピではない。それは、一般市民の熟慮が少なくともコイントス以上の信頼性をもつという、場合によっては危うい前提のもとに成り立っているのだ。

民主主義の歴史経験　実際、議会政治が確立し、選挙権が制限選挙から普通選挙へと徐々に拡大していった過程では、十分な知識をもたない国民層が政治を左右しかねないことについて、つねに——多くの場合知識人層から——懸念の声が上がってきた。たとえば、19世紀のイギリスの思想家 J. S. ミルやフランスの思想家 A. トクヴィルは、産業革命・人口

増大・階級対立といった社会背景のもと、少数者の専制よりも「多数者の専制」の危険性が高いことを指摘している。

　20世紀前半には、都市化にともなうコミュニティの衰退や新たなマスメディア技術の普及により、大衆社会化が叫ばれるようになった。「大衆とは、……自分は「すべての人」と同じであると感じ、そのことに苦痛を覚えるどころか、他の人々と同一であると感ずることに喜びを見出しているすべての人のことである」(オルテガ 1995：17)。こうした、大衆の付和雷同に左右される政治の行く先に、カリスマ的指導者への歓呼賛同を特徴とするファシズム体制をみることができるだろう。

　民主主義が、はたして賢明な判断を導くか危険な判断を導くかについては、今世紀の国内・世界情勢においてもあらためて問い直されている。「反エリート、反体制、反主流」を錦の御旗に掲げ、我こそは一般市民の声を代弁しているのだと主張する**ポピュリズム**（大衆迎合主義とも呼ばれる）の政治が、右派・左派を問わず目立つようになってきた（水島 2016；吉田 2011）。民主主義という意思決定方式が私たちをどこに連れていくか、依然として壮大な実験のただ中にあると言わざるをえない。

4　民主主義の内在的価値

　しかし、民主主義が良い結果をもたらすかどうかが、民意の尊重にとって決定的なのだろうか。もしそうだとすれば、民主主義という意思決定方式にはせいぜいのところ、良い結果を得るための道具的価値しかないことになる。しかしながら、仮にそれが悪い結果をもたらしうることが判明したとして、近代民主化運動以来の努力の賜物をただ放り捨てて、専門家支配（テクノクラシー）のような別の意思決定方式に置き換えてもよいものだろうか。

　結論を急ぐ前に、私たちが辿ってきた政治の歴史とその成果について、立ち止まって考えてみる必要がある。なぜなら、被治者による統治を意味する民主主義が近代政治に導入されたことには、結果の良し悪しに左右されない内在的価値もあるからだ（スウィフト 2011：第5章；田村・松元・乙部・山崎 2017：第6章）。内在的価値とは、なんらかの結果を生み出すための道具としてではなく、それ

自体目的として事物に備わる価値のことである。たとえば学問や芸術は、たとえ報われなくてもそれ自体で実践に値する。

　民主主義がそれ自体で実践に値する理由は、それが個人の自律の理想を実現するために適した意思決定方式であるからだ。その決定が私たち自身によって直接的・間接的に下された決定であるからこそ、私たちはそれを、正しい決定（コレクト）かどうかはともかく、正統（レジティメット）な決定として理解し、それに服することができる。言い換えれば、民意を尊重することは、結果の良し悪しはともかく、「自分のルールは自分で決める」という自己決定の自由を各人に保障することの一部なのである。

　加えて、その個々の知識量を問わず、一人一票の参加権をもつという政治制度は、各人が平等な存在であるという理念を体現している。だからこそ私たちは、仮に善意の統治者による独裁的統治が、被治者の生活を改善するとしても、それだけで良しとはしない。統治者と被治者のあいだの関係は、子どもとその後見人である親のあいだの関係とは異なる。民意を尊重することは、人間が一人ひとり、異なれども平等であるとする近代人権思想に基づいているのだ。

　このように、今日の民主主義は、個人の自由と平等を規定する近代人権思想の一環として捉えられる。この意味では、民主主義は古典古代よりも近代にこそ親和的な意思決定方式だといえる。それは決して、好感度調査や満足度調査のような選好集計の機会としてのみあるのではない。私たちが、たとえ十分な知識をもっていなくとも、政策の是非について真摯に議論し、投票することは、私たち自身を自由かつ平等な人間として表現し、かつ互いに承認しあうことを意味しているのである。

まとめのワーク

　インターネットの普及は、民主主義の質を上げているだろうか、それとも下げているだろうか。本章全体で学んだことを踏まえて、自分の意見を述べてみよう。

キーワード

直接民主主義と間接（代議制）民主主義

　一般市民が政治に参加する方式のことであるが、それぞれ以下のように異なる。直接民主主義においては、市民は個別政策の是非について議論し、投票することができる。間接（代議制）民主主義においては、市民は選挙を通じて代表者である政治家を選出し、次に選出された政治家が議会内で個別政策の是非について議論し、決定する。

コンドルセの陪審定理

　ある二者択一の決定を各自の独立した判断に基づいて下すとき、もし正しい判断をする確率（v）の一定値が $0.5<v<1$ であるならば、判断する人の数を増やせば増やすほど、その多数決の結果は正解に近づくという定理。

ポピュリズム

　「反エリート、反体制、反主流」を掲げ、一般市民の支持を取り込もうとする政治家の思想や行動のこと。

ブックガイド

坂井豊貴『「決め方」の経済学――「みんなの意見のまとめ方」を科学する』ダイヤモンド社、2016 年

　社会的選択理論の観点から、私たちが日常的に経験している「決定」の論理について明らかにしている。紙幅の都合から、本文では簡潔に留めたコンドルセの陪審定理についても丁寧に説明されているので、ぜひ一読を薦めたい。

齋藤純一・田村哲樹編『アクセスデモクラシー論』日本経済評論社、2012 年

　国内第一線の研究者が、民主主義をめぐる理論的諸問題についてさまざまな切り口から分析する。現代民主主義論の多面的成果を知るうえで最適な一冊。

サンスティーン、C.『インターネットは民主主義の敵か』石川幸憲訳、毎日新聞社、2003 年

　無数の情報が氾濫するインターネットは、社会の分断と棲み分けを加速させるのか、あるいは新たな出会いと対話の場となるのか。民主主義の質について、インターネットという新たなメディアの特質を踏まえて論じている。

第4章　ワークシート

【はじめのワーク】
現代日本における国民の政治参加のあり方を、具体例も交えながら列挙してみよう。

- _____

- _____

- _____

【まとめのワーク】
インターネットの普及は、民主主義の質を上げているだろうか、それとも下げているだろうか。本章全体で学んだことを踏まえて、自分の意見を述べてみよう。

（民主主義の質を）　　　　上げている　　　下げている

理由：_____

_____

_____

_____

_____

基礎ゼミ　政治学

第 5 章

多様性はどのように受け入れられるか？
―― リベラリズム、寛容、多文化主義

沼尾　恵

イントロダクション

　私たちが生活している社会は、価値観や文化などの面で多様性がある。このような現実に対して、2つの反応がある。1つは多様性を拒否するものであり、もう1つは多様性を受け入れるものである。多様性を受け入れるのか、受け入れないのか、という問題もさることながら、受け入れるとしても、その受け入れ方は一様ではない。受け入れる・受け入れない、どちらの立場をとるにしても、多様性をどのようにして受け入れるのかも、注目すべき問題である。

　それでは、多様性を受け入れるとして、受け入れ方の背景にはどのような考え方があるのだろうか。この章では、「リベラリズム」、「寛容」、「多文化主義」の3つの立場から、多様性の受け入れ方を見ていく。これらの3つの立場は、「鈴と、小鳥と、それから私、みんなちがって、みんないい」と詠んだ詩人金子みすゞに倣って、「みんな違うけれど、みんな同じに扱う」、「みんな違うけれど、みんな許せる」、「みんな違うけれど、みんなよい」と言い表すことができる。3つの考え方の特徴を学びつつ、それぞれが対峙している問題を考えていこう。

1 多様性のある社会

　現在の日本社会には多様な人々が暮らしている。たとえば、食に対する価値観は多様である。肉や魚を分け隔てなく食べる人もいれば、ヴィーガンのように倫理的観点から肉や魚や乳製品を食べない人もいる。宗教も多様である。お寺にお参りする人もいれば、神社に参拝にいく人もいるし、教会に礼拝にいく

人もいる。また文化的背景も一様ではない。実際に、2018年時点の日本では、約250万人の外国人が住んでいる。このように、日本社会には、価値観や文化的背景が異なる人々がいる。このような状況は、日本に限らず多くの国でよく見られ、ここではこれらを「多様性」のある社会と呼ぶこととする。

この章では、多様性を受け入れていく立場に注目する。もちろん、現実には、多様性を拒否し、多様性そのものを取り除こうとする発想もある。多様性のある社会という現実に対して、「私たちと違った考え方や生き方をする人がいるのは嫌だ」「私たちの考え方や生き方のほうが優れているのだ」と考えている人は存在する。このような発想に対して、多様性を受け入れていく立場があるが、実はこの立場もさまざまある。受け入れ方の多様性を学ぶことで、受け入れるかどうか、さらに受け入れるにしてもどのように受け入れるのか、という問題を考えるときに、重要な視点を身につけることができるだろう。

多様性を受け入れていく立場は、大きく3つに分けることができる。それらは、多様性に対して、中立であるべきと考える「**リベラリズム**」、消極的に向きあう「**寛容**」、積極的に向きあおうとする「**多文化主義**」である。これら3つの考え方が、どのような考え方なのかを学んでいこう。それと同時に、それぞれどのような問題と直面しているのかを現実の事例に沿って考えていこう。

はじめのワーク

あなたは他の数人と一緒に、P国を建国したとしよう。このときに次のa）からc）の政策の選択肢がある。あなたはどの選択肢を選ぶだろうか。それはなぜか。なおリーダーは抽選で決定される。またリーダー以外の不満がたまった場合には、リーダーを交代させることができる。

a）リーダーが優遇され、それ以外は生活が苦しくなる政策
b）リーダーとリーダーが選んだ何人かが優遇され、それ以外は生活が苦しくなる政策
c）全員に多少の不満は残るものの、全員が多少は評価できる政策

2 みんな違うけれど、みんな同じに扱う

　はじめに、リベラリズムという考え方からみていこう。リベラリズムは論者により力点は異なるが、この章ではリベラリズムのなかで特に平等を重視する立場を扱う（ドゥオーキン 2012）。このリベラリズムの中心的な考えは、さまざまな価値観に対して中立的であるべきだというものである。「みんな違うけれど、みんな同じに扱う」と表現しうる。実際の例で考えると、「国や自治体は多様な価値観のどれかを優遇してはいけない」という立場の土台となる考え方である。

　【はじめのワーク】では、特定の人が優遇される政策を選ぶことについて考えてもらった。自分がリーダーだった場合には、自分が優遇される選択肢を選びたくなるだろう。しかし他のメンバーに不満がたまったら追放されてしまう可能性がある。また自分がリーダーでない場合、リーダーにないがしろにされたら不満がたまってしまい、いつかはリーダーを追い出そうとするだろう。

　このように考えると、特定の人が優遇される政策は選びにくい。自分以外の人と生活をしていくためには、多少の不満があっても全員が納得できる政策が求められるのである。

　もう少し条件を狭めながら考えてみよう。不満があってリーダーを交代させる権利をもっていても、実際には簡単には追放できない可能性がある。たとえば、あなた以外が優遇されている場合を考えてみよう。あなたは少数派であるので、多数決では負けてしまうし、文句を言っても与える影響は小さいだろう。このような場合、あなた以外の多数派は現在の政策を変更する利点がないため、あなたは生活が苦しいままの状態となってしまう。

　これまではシンプルな例を元に考えてきたが、ここからはより現実的な社会に即して考えてみよう。あなたは少数派であり、加えて価値観や文化的背景を理由に不利な状況に置かれているとしよう。あなたはそれを甘んじて受け入れなければいけないのだろうか。

　あなたを不利にしている政策に対しては、その政策の「正しさ」の面から批判できる。リベラリズムが訴えかける「正しさ」とは公平性である。公平性と

は、人は多様な価値観をもっているが、等しく配慮・尊重されるべきだとする考えである。つまり、不利な状況に置かれているあなたは「自分は等しく配慮・尊重されていないため、先ほどの政策は受け入れられない」とし、自分の価値観も配慮・尊重されるような中立的な政策を求めることができるのである。

　ただ、中立的な立場をとるというのは、現実には難しい。1980年代、裁判にもなった「日曜日授業欠席処分取消等請求事件」を例に考えてみよう。この事件は、公立小学校で日曜に授業参観が実施されたときに生じた。児童AとBは牧師の子どもで、日曜には教会学校に通っていた。キリスト教徒にとって日曜は「主日」であり、神を礼拝するため教会に集まる日である。牧師や児童らもそのような考えのもと、日曜を礼拝日としていた。児童AとBの場合、礼拝とは教会学校に行くというかたちをとった。授業参観の日、児童AとBは授業ではなく、教会学校に行った。小学校は児童AとBが授業にいなかったので2人を欠席扱いとした。

　原告の牧師や児童側は、憲法には信教の自由が規定されているし、自分の信仰（日曜に教会学校に行くこと）のために不利益（小学校で欠席扱いとなること）を被るのはおかしいと考えた。小学校側は、平日に授業参観を実施した場合、多くの保護者が働いているため参加できない状況を踏まえ、日曜に授業参観を実施することはやむをえないことと考えた。その結果、児童らが欠席扱いになったが、それも不当とは考えなかった。

　裁判所は原告の請求を棄却した。裁判所は、1つには、宗教間の公平性を保つという立場から、「この児童らだけを出席免除とすると、日曜に礼拝日がある人だけを優遇してしまう」と考えたのである。このように、特定の人を優遇しないで、全員が納得できるようにするというのは容易ではない。

　そこでさらに中立について考えてみることによって、手がかりを探してみよう。中立には2つの考え方がある。1つは理由の中立であり、ある政策を採用する場合に、その理由（目的や理由づけ）が中立でなければならないという考え方である。この考え方では、誰かの価値観だけに基づいて政策を決めたり、誰かを優遇するために政策を決めたりしてはいけないと考える。もう1つは結果の中立であり、政策の結果を重視する考え方である。この考え方では、ある政策を実行するときに、誰かが有利な結果となり、他の誰かが不利になってはい

けないと考える（Kymlicka 1989）。

　日曜参観の事件に関して、2つの中立から考えてみよう。小学校が日曜参観にしたのは、平日に働いている保護者が参加できるようにするためであり、キリスト教徒を不利にしたいために日曜参観にしたわけではない。そのため理由の中立は実現されているといえる。しかし結果の中立は実現されていない。

　ここで、理由の中立と結果の中立のどちらも実現するべきと考えるならば、日曜参観の対応は不十分である。結果の中立性を実現するのは現実的に厳しいので、理由の中立性だけでも実現できているのだから、日曜参観の対応は十分とみなすこともできるだろう。

　ところで、原告が訴訟を起こしたのは、授業参観や運動会が3年で計3回日曜に実施された後だった。このような状況からすると、原告側からみれば、絶えずキリスト教徒だけが不利益を被りつづけていることになる。本来はキリスト教徒を不利にする気がなかった日曜参観かもしれないが、キリスト教徒の立場からすれば理由の中立に対しても疑念をもつようになっていくことも考えなければならない。このように、中立と現実の折りあいをどのようにしてつけていくのかは簡単ではない。

メインのワーク（GD）

　P国のリーダーのAが下記の2つのシナリオについて、どのような決断をするのかを考える。最初は自分だけで約5分間考える。その後、3〜4人でグループになってディスカッションする。

　Aはリーダーとして、P国のルールを決められる。P国において認められる価値観がどのようなものかについて、他の4人の構成員（B・C・D・E）に関する2つのシナリオを読み、それぞれの人物像を具体的にイメージしながら考えてみよう。

●シナリオ1
①Bは、Aから見るとちょっと変わった価値観をもっている。
②Cは、Aから見ると非常に不快な価値観をもっている。しかし、そのことによって直接的に他の人が害を被ったわけではない。
③Dは、Cの人権を尊重しなくてもよいと考えている。また考えているだ

けでなく、人前でその意見を表明している。ただし、今のところは、人権を侵害するような直接的な暴力行為はしていない。

●シナリオ２

　ＡはＥの生き方を嫌悪し、見下す発言をしてきた。Ｅはそれが嫌なので、表に出ずにひっそりと生きてきた。ＥとＡの生活水準は同じぐらいである。Ｅの生き方を評価する政策を実行した場合、Ｅが堂々と自分の生き方を主張できるようになる。

⇨ **GDの進め方**（p. 10）参照

3 みんな違うけれど、みんな許せる

　次に、多様性に対し、消極的に向きあう寛容という考え方、「みんな違うけれど、みんな許せる」について考えていこう。「寛容」という言葉は、辞書的な意味では「心が広くて、よく人の言動を受け入れること。他の罪や欠点などをきびしく責めないこと。また、そのさま」（大辞泉）である。しかしこのような意味をもつ寛容が、多様性に対して消極的に向きあう考え方といわれても、よくわからないだろう。

　この章でいう寛容とは、自分が正しいと考える生き方や考え方とは違う生き方や考え方に対して、異議があるけれどもそれを受け入れるという発想である。寛容は多様性を前提にしているが、それを両手を広げて受け入れるわけではない。その意味で消極的なのである。現実として、自分が反対する価値観は存在するから、それを我慢して、認めてあげているのである。

　ただし、なんでも許せるわけではない。泥棒や暴力をいつでも許せるというのではない。他人と一緒に生活していくために、許せる範囲と許せない範囲を分けるために、線引きするのである。この線引きをする必要性は、寛容だけでなくリベラリズムや多文化主義でも同じである。しかし、寛容の特徴は、受け入れるにしても、渋々認めているという点である（メンダス 1997；Cohen 2004）。

　【メインのワーク】のシナリオ１では、自分がリーダーになったときに、どのような価値観を許せるのかを考えてもらった。線引きの難しさを体験できた

だろう。①の場合の「ちょっと変わった価値観」は、自分は賛同しないことではあるが、好悪の問題でもあり、その価値観を捨てさせるまではいかないかもしれない。②と③の場合はより難しそうである。②の場合、リーダーであるAは非常に不快であるが、直接的な害は生じていない。この場合に、AはCにその価値観を捨てさせられるだろうか。あるいは、不快であっても許すだろうか。③の場合は、社会の中心となる基本的人権をないがしろにし、それを公言している。この場合に、それをやめさせるべきだろうか。それともまだ実際に行動していないので許すべきだろうか。簡単に線が引けない難問ばかりである。

最後の③の場合と似た事例として、2013年ごろから大きく報道されるようになった日本におけるヘイト・スピーチの問題がある。ヘイト・スピーチとは、特定の集団に対する差別的・侮蔑的な言動のことである。各政党はヘイト・スピーチが望ましくないものであるということでは一致していた。問題となったのは、ヘイト・スピーチを、基本的人権の1つである表現の自由の範囲内として許すべきか、それとも差別的な発言は表現の自由の範囲を超えるものとしてやめさせるべきか、ということであった。

この問題は簡単には決められなかった。まずヘイト・スピーチを許すことは、公然と人の尊厳を傷つけることを認めることになるという考えがあった。他方、ヘイト・スピーチの定義があいまいだったこともあり、ヘイト・スピーチをより広範囲にとるのであれば、表現の自由を侵害する検閲になってしまう危険性があるという指摘もあった。このときは、ヘイト・スピーチという望ましくないものに対して、どこで線を引くのかで議論が紛糾したのである。

寛容に対しては、その消極性を批判されることがある。寛容は相手の価値観を許容はするものの、相手の価値観への異議は解消していないからである。しかし実際の社会を考えた場合、寛容のもつ消極性はむしろ評価できる。現実では価値観が異なることはよくあることである。そして相手の価値観を容易に受け入れられないというのも人間である。それを前提に、異議のある価値観を許容するということは、価値観の多様性のある社会で、共存していこうとする強い意志の表れということもできるからである。

寛容に対する批判では、それが許す側と許される側の立場を含む概念である

こ とも批判される。立場が上の者が下の者を、寛容をもって、許すという図式だからである。人は自分の価値観を誰かに許されたいのではなく、自分の価値観が他人の価値観と同じように尊いものだと認められたいのである。それでは最後に、異なる価値観を尊重する立場の考え方をみていこう。

4 みんな違うけれど、みんなよい

　最後に、多文化主義という考え方をみていこう。多文化主義も論者によって多様な考え方があるが、異なる価値観や文化を尊重するというのが基本的な考え方である（ガットマン編 1996）。「みんな違うけれど、みんなよい」ということになる。

　【メインのワーク】シナリオ2を思い出してみよう。これはワークではわかりにくかったかもしれないが、同性婚の問題に当てはめることができる。これまで世界の多くの国では、男女の異性間で結婚することが当然視されていた。同性カップルは、法的に結婚することはできなかった。時代や場所によっては、同性カップルは侮辱されることさえあった。このように多数派である異性カップルに比べて、少数派である同性カップルは不利益を被ってきたといえる。

　現在では、状況が変わりつつある。アメリカでは、2015年の連邦最高裁判所の判決で、全米中で同性カップルの「結婚」が合法化された。一方日本では、渋谷区など一部の自治体で、いわゆる「同性パートナーシップ制度」が導入された。アメリカでの判決の場合、平等な配慮・尊重を重視したリベラリズムの要素のほうが強いかもしれないが、渋谷区の場合、条例の正式名称「渋谷区男女平等及び多様性を尊重する社会を推進する条例」（2015年）からうかがえるように、区は明確に同性カップルの生き方を尊重することを謳っているのである。

　結婚を特別なものとするモデルは、結婚以外の人間関係のあり方の多様性を尊重していないという批判が一方である。しかし、結婚が現実として法的・社会的に多くの利益をもたらす状況を踏まえた場合、つまり、結婚する権利があるということが尊重されているという意味合いをもつ場合、同性婚の合法化は多文化主義の理念に適っているともいえる。

多文化主義のもう1つの特徴は、少数派のグループの価値観が評価されず、少数派が不利益を被ってきたと考えることである。そのため、不利益をなくすだけでなく、これまでの不利益を埋めあわせようとすることが多い（Murphy 2012）。

　先住民が多く暮らしているカナダを実例としてみてみよう。基本的に20世紀の半ばまで、カナダの先住民に対する政策は主流派に同化させようというものだった。しかし、1960年代から徐々に、先住民の多様性を尊重する方向に舵をきったのである。1999年に、カナダ北部に暮らすイヌイットの自治を実現すべくヌナブト準州が新たに設けられたことは、象徴的な事例である。

　一方、少数派の価値観や文化を保護し、不利益をなくそうとする理念は実行に難しさもともなう。少数派の不利益分を補てんするためには、現状を変え、土地などを再分配しなくてはならないことがあるからである。たとえば先住民の自然管理などの権利を謳う「先住民族の権利に関する国際連合宣言」（2007年）を認めることに対して、カナダを含む4カ国が、あらゆる土地が再交渉の対象になる可能性を懸念し、当初は難色を示していたのである。

　私たちは多様性のある社会で生活をしている。多様性を受け入れるための方法として、この章ではリベラリズム、寛容、多文化主義という3つの立場を考えてきた。しかしどの立場であっても、それぞれ問題を抱えているという現実がある。「みんな違うけれど、どうするか」という問いに、各自で答えなければならない。

まとめのワーク

　リベラリズム、寛容、多文化主義の3つから選ぶとしたら、どの立場に賛成するのかを理由とともに考えなさい。

キーワード

リベラリズム
　国家や社会から個人の権利を守ることを重視した「古典的リベラリズム」、個人の政治的権利だけではなく社会的福祉を重視した「ニュー・リベラリズム」、さらに、公正さや平等性を重視した「現代のリベラリズム」などがある。

寛容
　みずからが反対する考え方や生き方を受け入れるべきだとする寛容は、矛盾をはらんでいるようにみえるだろう。このような性質がある寛容をどのように正当化することができるのかは、寛容をめぐる大きな課題である。

多文化主義
　ある共同体のなかにおいて自己実現していく個人を前提に、それぞれの文化に価値があることを認めあうことを求める「多文化主義的コミュニタリアニズム」や自律した個人の選択肢を確保する手段として文化保護を求める「リベラルな多文化主義」などがある。

ブックガイド

小川仁志『はじめての政治哲学――「正しさ」をめぐる23の問い』講談社現代新書、2010年
　政治哲学で扱うテーマを身近な問題につなげ、「正しさ」をめぐる23の問いというかたちでわかりやすく紹介している。特に、第3節、第12節、第13節はリベラリズムや多文化主義、多様性のある社会が直面する問題を扱っている。

ミラー、D.『政治哲学』山岡龍一・森達也訳、岩波書店、2005年
　わかりやすく、しかし同時に正確性を妥協することなく追求し、政治哲学とそのおもしろさ、奥深さを紹介している初学者向けの本である。特に第4章から第6章は、リベラリズムや多文化主義について論じている。

キムリッカ、W.『新版　現代政治理論』千葉眞・岡崎晴輝ほか訳、日本経済評論社、2005年
　現代政治哲学における主要な理論を詳しく解説している指折りのテキストである。特に第3章および第8章は、リベラリズムと多文化主義についてテキストでありながらかなり専門的に論じている。

第5章　ワークシート

【はじめのワーク】

あなたは他の数人と一緒に、P国を建国したとしよう。このときに次のa）からc）の政策の選択肢がある。あなたはどの選択肢を選ぶだろうか。それはなぜか。なおリーダーは抽選で決定される。またリーダー以外の不満がたまった場合には、リーダーを交代させることができる。

a）リーダーが優遇され、それ以外は生活が苦しくなる政策
b）リーダーとリーダーが選んだ何人かが優遇され、それ以外は生活が苦しくなる政策
c）全員に多少の不満は残るものの、全員が多少は評価できる政策

＿＿＿＿＿＿　理由：＿＿＿＿＿＿＿＿＿＿＿＿＿＿＿＿＿＿＿＿＿＿＿＿＿＿＿

【まとめのワーク】

リベラリズム、寛容、多文化主義の3つから選ぶとしたら、どの立場に賛成するのかを理由とともに考えなさい。

＿＿＿＿＿＿＿＿＿＿＿＿　理由：＿＿＿＿＿＿＿＿＿＿＿＿＿＿＿＿＿＿＿＿＿

基礎ゼミ　政治学

第6章

ジェンダー平等をいかに実現するか？
——政治参加とポジティヴ・アクション

藤田智子

イントロダクション

　第5章で確認したように、社会は多様な人々の間に存在する。そして、社会におけるすべての人々は、「人種」や性別、出自などによる差別を受けることなく、人権を享有している。しかし現実には、多様なはずの人々が属性などの点から分類され、特定の集団のメンバーは他の人々が与えられている権利や資源、機会などから排除されている。本章では、ジェンダーと政治という観点から社会における差別や不平等をいかに克服すべきかを検討する。

　ここではジェンダーを、人間を「男」と「女」という2つのカテゴリーに分け、それぞれには異なる役割や社会的位置づけがあるとする、社会における性差のあり方とする。現代社会のあらゆる制度においては未だに不平等なジェンダー関係やジェンダーに基づく差別・偏見が存在する。政治参加に関して述べれば、日本の女性議員割合は他国に比べて著しく低い。女性の政治参加が進まない原因は何なのだろうか。そして、女性の政治参加を促進するにはどうしたらよいだろうか。これらの問いから、社会における差別や不平等を解消し、女性のエンパワーメントを進めるための処方箋を考えていこう。

1　政治参加におけるジェンダー・ギャップ

　まず、日本社会には「男」と「女」という社会的に構築されたカテゴリーがあり、未だにさまざまな領域において両者の間には格差、つまり**ジェンダー・ギャップ**があることを確認しておこう。男女間には賃金格差が根強く残ってい

る。また、企業における女性の管理職割合も著しく低く、2016年においては12.9％であった（労働政策研究・研修機構 2018）。家庭における家事・育児をめぐっても大きなジェンダー・ギャップがある。2017年度の女性の育児休暇取得率は83.2％であったが、男性は5.14％にとどまった（厚生労働省 2018）。

政治の領域においても著しいジェンダー・ギャップがみられる。そもそも、女性の政治参加は男性に比べて全世界的に低い水準にとどまる。2018年12月現在の国の議会における女性議員割合の世界平均は24.1％である（IPU 2018a）。しかし、表6-1からわかるように、日本の女性議員割合はこれに輪を

表6-1 国の議会（下院）における女性議員割合（IPU 2018b）

順位	国	割合(%)
1	ルワンダ	61.3
7	スウェーデン	46.1
14	フランス	39.6
38	イギリス	32.2
47	ドイツ	30.7
75	アメリカ	23.5
120	韓国	17.0
162	日本	10.1

（注）数値は2018年12月現在

かけて少ない。下院／衆議院で10.1％というのは世界193カ国中162位である（IPU 2018b）。大臣職に就く女性も少なく、2018年12月現在は1人である。さらに地方議会においては、2015年6月の段階で、市区議会の6.2％、町村議会の34.3％が「女性議員ゼロ議会」となっている（市川房枝記念会女性と政治センター 2015）。

政治参加は議員になることだけではない。投票をはじめ、市民運動への参加なども政治参加である。東北大学21世紀COEプログラム「男女共同参画社会の法と政策」が行った全国調査によると、選挙での投票参加には男女の間で差異がないにもかかわらず、その他の政治参加、具体的には政治家や官僚、有力者との接触、選挙・政治集会への参加、選挙運動や市民運動・住民運動への参加などで男性の経験率が女性を上回ったという（山田 2007）。

このように、日本社会においてはさまざまな場面で未だにジェンダー不平等な状況があり、特に政治参加においては男女間に著しいギャップがある。

はじめのワーク

なぜ日本の女性議員割合は低いのか。考えられる要因を2つ以上挙げてみよう。その後、近くの人と比較してみよう。

II 価値と政治

2 女性の政治参加を阻む要因

　女性の政治参加が男性に比べて進んでいない理由はさまざまある。まず、選挙制度の問題である。小選挙区制は女性に不利に働く。政党の公認は現職議員が優先されるため、女性議員を新たに増やそうとしても出馬できる場所が限られている（三浦 2016）。たとえ政党が新人議員を擁立しようとしたとしても、候補者選びにジェンダーに基づく偏見が入り込む。候補者選びを行う男性の政党幹部が、それまでの男性候補者の成功体験や忙しい選挙戦と家庭の両立の問題などから、「男性目線で「勝てる候補」」を判断し、結果として女性が候補者として選出されるのを難しくしている（三浦 2016）。一方、比例代表制では、政党は多様な候補者を選出する傾向があり、また、小選挙区制と異なり候補者を1人に絞る必要がないので、政党が候補者調整を行いやすく、女性候補者が擁立されやすい（三浦 2016）。さらに、比例代表制は後述するクオータ制とも親和的である。

　社会的・経済的要因も挙げられる。立候補するためには政治家や有力者とのコネクションが必要になる。また議員になりやすい職業もあるが、経済界などにおいて権力のある地位に就く女性は未だに少ない（Lawless & Fox 2010）。立候補し、選挙戦に臨むには大きな資金力が必要となる。日本の国政選挙では特に供託金が高く設定されている。しかし、必要な経済的資源をもつ女性は相対的に少ない（Palmieri 2011）。さらに、実際に立候補しようという政治的野心も重要だが、政治的野心にはジェンダー・ギャップがあることが指摘されている（Lawless & Fox 2010）。

　日本の問題として挙げられるのが世襲議員の多さである。世襲議員は後援組織、知名度、経済的資源を受け継ぐことができるため有利といわれる。その世襲にはまず直系男子が優先され、それが難しい場合も男性親族が受け継ぐことが多い（中西 2013）。

　そして、これら個別の問題の背景にあり、女性の政治参加を直接的に阻んでいるのが、**公私二元論**に基づく性別分業モデルである。候補者選びや社会的ネットワーク、政治的野心や資金力などの背景にもジェンダーの問題があるこ

とはすでに述べたが、男性は外（公的領域）で働き、女性は家（私的領域）で家事・育児をするという社会構造や性別分業意識が、男性の領域である政治の世界へ女性が入ることを阻む大きな原因となっているのである。子育てや家事などの「家族的責任」を抱える女性は、忙しい選挙活動や政治活動とそれらの家族的責任を両立しなければならず、それが女性の議員への道を妨げている（三浦 2016）。

つまり、女性の政治参加が進まないのは、社会秩序のうちにジェンダー関係が構造化され、再生産されているからなのである。議員になりやすい職や権力のある地位に就くことが少ない女性は、出馬に必要な社会的・経済的資源、政治的野心に乏しく、また家事や育児への責任を抱え、それらと政治活動とを両立することが難しい。そのため、議会における女性割合は低くとどまり、政治の世界は男性の世界でありつづける。公私二元論に基づくジェンダー構造や性差別は再生産されつづけるのである。

3 女性議員を増やすにはどうしたらよいか

政治参加を含むジェンダー不平等の問題を解決するために、各国では対策が行われてきた。男女平等や性差別禁止などの法を制定し、**ポジティヴ・アクション**（アファーマティヴ・アクション）を導入する国も多い。ポジティヴ・アクションとは、「人種」や性別などに基づく構造的差別を解消して、「実質的な平等を確保するための積極的格差是正措置ないし積極的改善措置」である（辻村 2011）。性差別解消のためのポジティヴ・アクションは、政治参画のみならず、雇用や育児などの分野でも取り入れられている。

ポジティヴ・アクションのなかでも特に女性議員の増加を狙ったクオータ制は多くの国で導入されている政策である。これは政治の場における男性優位を是正するために、立候補者あるいは議席の一定の割合を女性（または両性）に割り当てるものであり、立候補者の一定割合を女性に割り当てる候補者割当制と一定の議席を女性に割り当てる議席割当制がある（衛藤・三浦 2014）。さらに憲法や法律で実施を強制する場合と政党が自主的に行う場合がある。

ポジティヴ・アクション、そしてクオータ制の導入は大きな議論を呼んでき

た。特にアメリカでは、大学入学時にアフリカ系アメリカ人などのエスニック・マイノリティを積極的に入学させる政策などをめぐって現在まで政治論争が続いており、また政治哲学においても活発な議論が行われてきた（サンデル 2010；ロールズ 2010；Dworkin 1977 など）。一方、議会におけるジェンダー・クオータの導入についても研究者の間で意見がわかれており、それをいかに正当化できるかという点について理論的な考察が行われてきた（田村 2009；ヤング 1996；Young 2000 など）。意思決定の場における男女格差の問題解決に向けては、その主要な政策のメリット・デメリットを把握すると同時に、その是非を議論することが重要だろう。以下、議会におけるジェンダー・クオータの導入についてディベートを行い、その利点と問題点を考えてみよう。

メインのワーク（ディベート）

「女性議員を増やすために議会においてジェンダー・クオータを導入すべきである」という論題について、肯定側と否定側にわかれ、ディベートを行いなさい。　　　　　　　　　⇨**ディベートの進め方（p.8・9）参照**

【メインのワーク】ではクオータ制導入をめぐり、さまざまなメリット・デメリットが提出されただろう。クオータ制導入の最大のメリットは、いうまでもなく女性議員を迅速に増加させる点である。女性議員割合（下院）の世界ランキングにおいて上位を占める国の多くがクオータ制を導入している（衛藤・三浦 2014）。

また、クオータ制の導入は議員の多様性を確保することにつながる可能性が高い。多様な人々が代表を通して話しあうことが民主主義にとって重要だと考えれば、より多くの多様な女性が政治に参加することは意義深い（衛藤・三浦 2014；田村 2009）。

さらに、男女には異なるニーズや視点、経験、政策優先性などがあるため、女性の存在を代表する議員が必要であるという主張もある（衛藤・三浦 2014；大山 2016）。意思決定の場に女性が増えることで、次世代のロールモデルになることも期待できる（衛藤・三浦 2014）。

一方で、ジェンダー・クオータをめぐってはさまざまな問題も指摘されてい

る。まずよく挙げられるのが、男性に対する「逆差別」ではないかという問題である。ジェンダー・ギャップを改善しようとして女性が優遇され、逆に男性が不利益を被るのではないかという懸念である。ディベートにおいては、法律によって強制的なクオータ制を導入するというプランを立てた肯定側もいたと思うが、特にこのような強制的な制度においては、逆差別が問題となり、合憲性が問われる事態に発展する場合がある。イタリアなどではそのような制度に対して違憲判決が出され、憲法改正によって問題を解決するに至ったが、合憲性をめぐる理論的な問題は残っているといえる（辻村 2011）。

　辻村みよ子（2011）は、このようなクオータ制を含む厳格なポジティヴ・アクションに対する批判を 4 点にまとめている。それらは、①機会均等原則、そして形式的平等（法律上の一律・同様の取扱い）原則に違反するのではないか、②自由選挙（立候補の自由）原則に違反するのではないか、③議会の議員は主権者たる国民全体を代表するのであって、女性のような一部のグループを代表するのではないため、主権の普遍性・不可分性などに抵触するのではないか、そして④クオータの割合を 50％未満に設定すると逆に女性の政治参加が抑制され、「ガラスの天井」、つまり女性の政治・社会参画への見えない障壁になるのではないかという批判である（辻村 2011）。

　ただし、これらの批判に対しては、以下のような反論が可能だろう。ジェンダーに基づく差別が構造化されている現状では、形式的平等の名のもとにむしろ男女格差が再生産されている。たとえば、男性・現職・世襲の候補者が優先される日本の状況では、立候補の自由もすべての人には開かれていない。何より、女性も市民なのであり、その代表が一方の性に偏っている状態こそが不正義なのである。クオータ制はそれを解決するための方策になりうる。暫定的な措置としてジェンダー・クオータを導入し、「実質的平等」、「事実上の平等」をめざして法の下の平等ではなく「法による平等」を実現することが重要といえよう（辻村 2011）。それにより、社会的に構築されたジェンダーのカテゴリー、そして社会的な性差のあり方を壊していくことが重要なのである。

4 ジェンダーと政治

　ここまでジェンダーと政治の問題にかかわり、特に女性議員の少なさに注目し、その要因と対策について考察してきた。しかしながら、すでに述べたように政治に参加するということは議員になることのみならず、市民運動や社会運動などへの参加も含まれるのであり、その意味では、女性たちはこれまでにもさまざまなかたちで政治に参加してきた。さらに、「政治」を社会のなかの権力関係や権力の働きとしてより広義にとらえれば、女性の政治参加をめぐる問題への対策は、ジェンダー・クオータのような政策のみならず、より日常における下からの変革が必要ということがわかってくる。本節では、このような観点から、日本社会における女性と政治の歴史を簡単に振り返ったうえで、これまでの議論をまとめ、ジェンダーと政治の問題にいかに取り組むべきかを改めて考察する。

　日本においては1945年に女性参政権が初めて認められ、日本国憲法のもとに女性も男性同様に人権を有することが認められた。1985年には国連の女性差別撤廃条約を批准し、国内法としては男女雇用機会均等法を制定した。1999年には男女共同参画社会基本法も制定され、その第8条では積極的改善措置（ポジティヴ・アクション）を含む男女共同参画社会の形成を促進するための施策を策定することが国の義務とされている。しかしながら、第1節でみたように、政治分野のみならず、社会全体としてジェンダー不平等な状況はあまり改善されていない。公私二元論に基づく性別分業が未だに残っているのである。

　女性たちはこのような不平等や差別に対し、時代を越えて戦ってきた。**フェミニズム**は近代社会が形成されようとしているそのときから、女性が置かれている立場やそれを可能にしている社会的、政治的、経済的状況、思想や意識を批判し、そこからの女性の解放と男女平等、女性の権利を訴えてきた。つまり女性たちは、草の根的な政治運動をみずから行ってきたということである。人権宣言が出された直後にオランプ・ドゥ・グージュなどが的確に指摘し批判したように、フランス革命などを通して確立された近代的人権は一部の男性の権利でしかなく、その後も長い間女性は排除されつづけた。これに対し女性たち

は、女性の権利や女性解放を求めて運動を行った。これは第一波フェミニズムと呼ばれる。日本においては平塚らいてうや与謝野晶子、市川房枝などがその担い手であった。先進国で政治的権利を含むさまざまな権利が女性に認められはじめた20世紀前半以降も、性別分業などジェンダーに基づくさまざまな「日常の差別」は社会制度や社会構造に組み込まれたままであった。これに対し、第二波フェミニズムは1960年代以降、「個人的なことは政治的である（The personal is political）」と主張して、公的領域における政治的権利を主張するのみでなく、日常生活に潜む「政治」、つまり男女間の権力関係を明らかにし、その変革をめざした。この運動において性別分業や男女の不平等、性差別を問題化するために、「ジェンダー」概念が積極的に導入されたのである。その後も、第二波フェミニズムの問題提起を引き継いで、さまざまなフェミニズムの潮流が出現している。

　日本におけるジェンダーと政治の問題を考えるとき、議員数におけるジェンダー・ギャップに注目し、その解決策を考えることは重要である。クオータ制は女性議員を迅速に増加させるのに有効である。一方で、導入にあたってはそれを法律上いかに正当化できるのかという理論的議論の成熟と社会全体の合意形成が必要となる（辻村 2011）。同時に、男性中心的な日本の政治のあり方を変革するための政治内部からの積極的な取り組みも必要だろう。2018年5月には「政治分野における男女共同参画の推進に関する法律」が施行された。これにより、国会や地方議会の選挙で男女の候補者数が「できる限り均等となること」をめざして取り組みを行うことが政府や政党、政治団体の努力義務となった。このような施策を通して女性議員が増加すること、ジェンダー平等な政治を実現するための積極的な取り組みが行われていくことが期待される。

　一方で、女性の政治参加の問題の背景には社会のジェンダー構造がある。フェミニズムが主張してきたように、差別はわれわれの日常生活のなかに、そして社会のあらゆる制度のなかに入り込んでいる。社会や家族のなかのジェンダーをめぐる「政治」を変革し、女性がさまざまな場に参加して能力を発揮できるようにすること、そして女性が変革の主体になれるようにすること、つまり女性のエンパワーメント（empowerment）が必要なのである。政策を通して女性を取り巻く社会状況を上から改革していくと同時に、日常のなかにある政治、

II 価値と政治

さらにわれわれ一人ひとりが自分自身のなかにある偏見や差別意識、ジェンダーに関する固定観念に自覚的になり、それを変えていくことがとても重要なのである。

> **まとめのワーク**
>
> 　本章全体を踏まえ、ジェンダーと政治をめぐる問題を解決していくにはどうしたらよいかまとめなさい。

キーワード

公私二元論とジェンダー
　近代社会においては、男性は外（公的領域）で働き、女性は家（私的領域）で家事・育児をすべきとされてきた。社会空間が公／私に分けられ（公私二元論）、一方に男性が、もう一方に女性が配置され、性別分業が正当化されてきた。このように人間を「男」と「女」に分類し、それぞれには異なる役割や社会的位置づけがあるとする、社会における性差のあり方をジェンダーと呼ぶ。

ポジティヴ・アクション
　「人種」やジェンダーに基づく構造的な差別を解消し、エスニック・マイノリティや女性の能力発揮を図るために、一定の範囲内で特別な機会を与えるなどの積極的な措置を指す。

フェミニズム
　女性の権利や女性解放を訴え、女性を取り巻く社会状況、さらには社会構造や文化、意識などをも変革しようとする運動やその理論を指す。近代社会形成期に起こった第一波フェミニズムは、女性の権利や女性解放のための運動として発展した。一方、1960年代以降に起こった第二波フェミニズムは、公的領域における女性の権利のみならず、私的領域における権力関係をも問い直した。

ブックガイド

辻村みよ子『概説 ジェンダーと法――人権論の視点から学ぶ〔第2版〕』信山社、2016年
　ジェンダーの観点から人権や法について検討する概説書である。ポジティヴ・アクションやリプロダクティヴ・ライツ、DVなどの幅広い問題を取り上げる。

岡野八代『フェミニズムの政治学――ケアの倫理をグローバル社会へ』みすず書房、2012年
　政治思想・理論における政治的主体の問題に焦点を当て、フェミニズム理論の立場から近代以降の社会を貫く公私二元論を批判的に考察する。

コーネル、D.『自由のハートで』石岡良治ほか訳、情況出版、2001年
　法哲学・政治哲学における正義論に対し、独自の概念である「イマジナリーな領域」を導入して、フェミニズムの視点から自由と平等について考察する。

第6章 ワークシート

【はじめのワーク】
　なぜ日本の女性議員割合は低いのか。考えられる要因を2つ以上挙げてみよう。その後、近くの人と比較してみよう。

-

-

-

【まとめのワーク】
　本章全体を踏まえ、ジェンダーと政治をめぐる問題を解決していくにはどうしたらよいかまとめなさい。

第III部

制度と政治

基礎ゼミ　政治学

第 **7** 章

だれが、なぜ、政治に参加するのか？
―― 投票行動と政治参加

荒井紀一郎

/ イントロダクション

　第4章では、民主主義について「価値」の観点から学んできた。民主主義体制のもとでは、その国や地域の市民を代表していることが、政府や議会に正統性が与えられる根拠となる。したがって、多くの市民がその国や地域の政治になんらかのかたちで参加することは、この体制を維持するうえでの必要条件といえる。一方で、市民個人の視点からみると、政治に参加することは必ずしもその個人の利益に直接つながるわけではない。なぜなら、1人の市民が政治に与えることのできる影響力は通常とても小さいうえに、そうした活動には時間やお金をはじめとしたさまざまなコストが必要になるからである。

　そこで本章では、市民の政治行動をどのように説明できるかを考えていく。第1〜3節では、もっとも一般的な政治参加といえる選挙での投票に焦点をあて、争点投票、業績評価投票、そして党派性に基づく投票という、市民が投票先を決める過程を表す3つの代表的な考え方を紹介する。最後に第4節では、そもそもなぜ市民は政治に参加するのかという政治学が抱える大きなパズルについて考察し、実はこのパズルは政治現象だけでなく、さまざまな集団や社会における人の行動に共通する問題であることを示す。

1 有権者はどのように投票先を決めるのか

> **はじめのワーク**
>
> 以下の条件のとき、有権者 v は、X と Y どちらの候補者に投票するだろうか？　理由も含めて書いてみよう。
> - 2人の候補者 X と Y が、ある選挙区で立候補しているとする。
> - この選挙の争点は消費税の税率で、現状の消費税率は 8％ であり、候補者 X は新たな消費税率を 10％ に増税することを、候補者 Y は 3％ に減税することを公約に掲げているとする。
> - その選挙区に住む有権者 v は、消費税率 7％ が望ましいと考えているとする。

【はじめのワーク】における有権者 v のように、選挙では有権者自身とまったく同じ政治的立場や政策選好（好みの順序）を表明してくれる候補者や政党が必ずいるというわけではない。このようなとき、有権者はどんな基準で投票先を決めているのか、この問いは政治学において有権者の研究が急速に発達しだした 1960 年代以降、現在に至るまで政治行動論の中心的な研究課題でありつづけている。

自分と「まったく同じ立場の候補者や政党」が選挙にでていない状況において、有権者の多くは次善の策として自分の立場と「できるだけ似ている候補者や政党」に投票しようとすると考えられる。それでは、【はじめのワーク】の候補者 X と候補者 Y では、どちらの方が有権者 v に似ているだろうか。3 者の関係を数直線上に表した図にして考えてみよう。

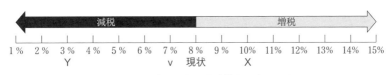

図 7-1　3 者の関係を数直線上に表した図

図7-1をみると、有権者vは候補者Yよりも候補者Xの近くに位置している。したがって、望ましい消費税率からの距離という観点ではvに似ているのはXといえる。しかしながら、vは8％という現状からの減税を望んでいるが、Xが表明している10％は2％の増税となってしまう。つまり、現状からの変更の向きという観点で考えると、vに似ているのは減税を表明しているYとなる。

2 争点投票

先ほどの例のように、「有権者が選挙の争点における自身と候補者・政党との位置関係に基づいて投票先を決める」ことを**争点投票**という。争点投票のうち、有権者が自身の立場ともっとも距離の近い候補者・政党に投票するという考え方を近接性モデル、政策変更の向きが同じ候補者・政党に投票するという考え方を方向性モデルという（ダウンズ 1980；Rabinowitz & Macdonald 1989）。【はじめのワーク】におけるvは、近接性モデルにしたがえばXに、方向性モデルにしたがえばYに投票することになる。

もっとも、選挙時に候補者が表明していた政策は、彼らの当選後、必ずしもそのまま実現されるというわけではない。特に、現状からの大きな政策変更を表明していた候補者や政党は、仮に当選を果たし、議会で多数派となったとしても、政策を実行する際にさまざまな妥協を強いられることも多い。有権者がこのことを考慮して、選挙のときに候補者や政党が表明した政策について現状から一定程度割り引いたうえで、自分の立場と距離的に近い候補者・政党に投票するという考え方を割引モデルという（Grofman 1985）。たとえば、vがX、Yどちらの候補者も表明した政策の半分しか実現できない（割引率0.5）と考えたとしよう。このときvは、「Xが当選したときに実現する政策位置」を消費税率9％（計算式：(10−8)×0.5+8）、Yならば消費税率5.5％（計算式：(3−8)×0.5+8）と考えて、自分と距離の近いYに投票することになる。

有権者の投票行動を説明するモデルとして、近接性、方向性、そして割引という3つのモデルのうち、どれがもっとも妥当性が高いだろうか。この問いについては、政治学者の間で長い間論争となり、さまざまな手法で各モデルの妥

当性の検証が試みられてきた（Lewis & King 1999）。近年の研究では、スタンフォード大学のM.トムズらが、アメリカの有権者を対象にした実験を行っている。それによると、57.7％の有権者が近接性モデルに基づいて投票先を決めており、次いで27.6％の有権者が割引モデル、14.7％の有権者が方向性モデルに基づいてそれぞれの投票先を決めているという（Tomz & Van Houweling 2008）。また、学歴が低かったり、特定の政党に対して強い帰属意識を有していたり、あるいは強い政治的信念をもっている有権者ほど方向性モデルにしたがって投票先を決める傾向が強くなると報告している。

さて、3つのモデルのいずれに基づくにせよ、有権者が争点投票を行うには少なくとも、1）自分自身の政治的、政策的立場、そして2）各政党・候補者の政治的、政策的立場の両方を認識している必要がある。このことは、その選挙における争点が増えれば増えるほど、また、立候補している候補者や政党の数が増えれば増えるほど、有権者にとって投票先を決めることが難しくなるということを意味する。たとえば、【はじめのワーク】の争点である消費税に加えて、貿易政策もその選挙で重要な争点だったとする。すると図7-2のように、消費税を横軸、貿易政策を縦軸にした平面ができ、有権者がこの平面をもとに投票先を決めると考えるわけである。争点が3つになれば、有権者が3次元空間上に配置された自身と各候補者・政党との位置関係を把握していること

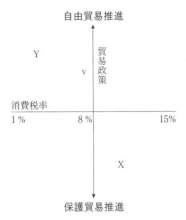
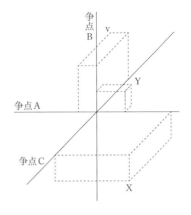

図7-2　2つの争点を示した平面図　　図7-3　3つの争点を示した空間図

を想定しなければならない（図7-3）。

3 業績評価と党派性

業績評価投票　投票に限らず、なんらかの意思決定を行う際に多くのことを考慮しなければならない状況を「認知負荷が高い」という。政治や政策の専門家ではない大半の有権者にとって、争点投票は認知負荷が高くなってしまう場合が多い。このようなとき、有権者はより認知負荷の低い方法で投票先を決めていることがこれまでの研究で明らかになっている。その方法とは、選挙前までの与党の業績に基づいて投票することである。すなわち、前回選挙後から今回の選挙の間における与党のパフォーマンスが、その有権者にとって肯定的に評価できるものであれば与党に投票するが、そうでなければ野党に投票する。これならば有権者は各候補者・政党の政策位置を把握していなくても投票先を決定することができる。このような投票モデルを業績評価投票と呼ぶ（Fiorina 1981）。

　選挙において業績評価投票が行われやすいかどうかは、その国の政治体制や政権の状態によって変わってくる。たとえば、与党の党議拘束が弱かったり、政権党が議会内で少数派であったり、あるいは連立政権であったりすると、業績評価に基づく投票は起きづらい（Powell & Whitten 1993）。なぜなら、こうした状況では国の経済や有権者自身の暮らし向きなどを政府・与党の責任に帰すことが難しいからである。

党派性　争点投票と業績評価投票は、主にミクロ経済学の影響を強く受けたモデルであるが、投票行動を説明するモデルには、心理学の知見を応用したものも多く、以下では、その代表ともいえる**党派性**に基づいた投票について取り上げる。党派性とは、政党をはじめとしたさまざまな集団に対して、支持したり、愛着をもったり、あるいは帰属意識を有したりしている個人の状態を指す。党派性は、非常に多様な概念を含んでいることに加え、その測定方法もまた多様であり、政治心理学における中心的な研究テーマとなっている。

たとえば、三村憲弘は党派性を「党派集団に対するアイデンティティ」と「政党に対する評価」とに大別し、アメリカの世論調査で一般的に尋ねられている"Generally speaking, do you usually think of yourself as a Republican, a Democrat, an Independent, or something else?"という質問は前者に、日本の世論調査で尋ねられている「選挙のことは別にして、あなたはふだん何党を支持していますか」という質問は後者に分類されると主張している（三村 2015）。

このように多様な概念を内包する党派性は、有権者の投票行動を強力に規定するという特徴を有している。すなわち、アメリカにおける共和党派（Republican）は選挙において共和党に、日本における自民党支持者は選挙で自民党に投票することが多いのである。そして、近年の研究では、先ほど述べた有権者による業績評価や景気認識にも党派性が影響を及ぼしている可能性が高いことが指摘されている。たとえば、経済状態について良い情報と悪い情報の両方が存在している状況では、与党派の有権者が「景気は良い」と認識する傾向にある一方で、野党派の有権者は「景気が悪い」と認識する傾向にあることがわかっている（Parker-Stephen 2013）。これは、選択的接触（⇒第3章キーワード）によって、それぞれの有権者がもともと有していた態度を強化していったことが原因と考えられる。このような人の傾向を確証バイアスという。

ここまで、「有権者がどのように投票先を決めるか」について代表的な考え方を取り上げてきたが、有権者の行動を説明するうえで大きく抜け落ちてしまっていることがある。それは、有権者のうち「誰が投票所に足を運ぶか」である。そこで次節では、政治参加のメカニズムについて考えていこう。

4 参加のパラドックスと公共財としての代表制

参加のパラドックス　デモへの参加や政党組織・後援会への加入、あるいは献金や請願書への署名など、市民による政治的な活動は多岐にわたる。これらのうち、選挙での投票はもっとも市民にとって参加しやすいものであり、実際日本では、他の活動への参加経験のある市民は全体の2〜3割未満であるのに比べ、投票経験のある市民は9割にのぼる（荒井 2014）。

多くの人々が参加している投票だが、実はそのメカニズムには未だにわかっていないことも多い。代表的な投票参加モデルの１つであるW. H. ライカーとP. C. オーデシュックによるモデルを例に考えてみよう。

〈ライカー＆オーデシュックの投票参加モデル１〉
　　　$R = pB - C$
R：投票に行くことによる効用（満足の度合い）
p：自分の１票によって、候補者が勝つ主観的な確率
B：「自分が投票しなかった候補者が当選したときに得られる利益」と「自分が投票した候補者が当選したときに得られる利益」との差
C：投票コスト

　このモデルにおいて、Rが正の値であればその有権者は投票に行くことで「得をする」ことになり、投票所に足を運ぶことが予想できる。一方、Rの値が負であれば、その有権者は投票に行くと「損をする」ことになり、棄権を選択すると考えられる。選挙に行って自分が得すると思えばその有権者は投票に行き、骨折り損になると思えば棄権するという考え方は一見シンプルで理にかなっているようにみえるだろう。
　そこで、この式の右辺を詳しくみていこう。まず、自分が投票した候補者が当選したときに得られる利益と、対立候補が当選したときに得られる利益との差が大きいほどBの値は大きくなる。言い換えれば、誰が当選してもその有権者にとってもたらされる結果が同じであれば（B＝0）、わざわざ投票所に足を運ぶ必要はないと考えるわけである。
　次にCについて考える。投票所にいくのにかかる時間やお金、あるいは候補者や政党について調べるのに必要な労力など、投票するにはさまざまなコストが確実にかかる。Cの値が大きくなると有権者は投票所から足を遠ざけてしまう。
　そしてpの値は、客観的には選挙区の有権者数が増えれば増えるほど小さくなっていき、現代民主主義国家の一般的な選挙であればほぼゼロとなる。たとえば、2017年の衆議院議員総選挙でもっとも有権者数が少なかった選挙区

は鳥取1区であったが、それでも23万人以上の有権者がいたのである。

したがって、自分の一票の影響力（p）を相当過大視していない限り$pB-C$の値は確実に負の値をとることになる（Riker & Ordeshook 1968）。損得勘定で選挙を考えると、投票に行くのは骨折り損になるという帰結が導かれてしまうのだ。

もちろん実際には、多くの有権者が投票所に足を運び、一票を投じている。そこでライカーらは、新たにDという項目をつけ加えることで理論と現実との差を埋めることを試みている。

〈ライカー＆オーデシュックの投票参加モデル2〉
　　$R=pB-C+\mathbf{D}$
　　D：投票義務感、投票することで民主主義が維持されることによる利益など

しかし、義務感によって投票する有権者は、先ほど説明した損得勘定をする合理的な有権者像からはかけ離れている。また、民主主義が維持されることによる利益についても、Bと同様に「自分の一票によって、民主主義が維持される」確率を考えるはずである。これがpの値よりもさらに小さくなってしまうのは自明であろう。この理論と現実との乖離は投票（参加）のパラドックス、あるいはダウンズパラドックスと呼ばれ、今日でもさまざまなアプローチから研究が進められているテーマの1つなのである（Bendor, Diermeier, Seagel & Ting 2011）。

公共財としての民主主義　上述したように、あなた個人がたとえ選挙で投票に行かなかったとしても、民主主義体制が崩壊することはなく、投票に行った人と同じように政府による公的なサービスを受けることもできる（非排除性）。そして、他の誰かが民主主義による利益を享受することで、あなたがその利益を失うこともほぼない（非競合性）。つまり、選挙における代表性という民主主義の根幹は、第2章で学んだ公共財の性質を有しているといえる。そこで、組織や集団、社会においてどのように公共財が提供されうるのか、以下の実験から考えてみよう。

> **メインのワーク（RPG）**
>
> **1．ルール**
> ① 4人で1グループをつくる。
> ② 最初に1人につき500円が与えられるとする。
> ③ メンバーはその500円の一部、または全額をあるプロジェクトに投資することができる。
> ④ メンバーのプロジェクトへの投資額総計（4人分）は2倍となって、投資額の大小にかかわらず各メンバーに均等に配分される。
>
> **2．作業**
> ① カードに自分の投資額を書き、裏返して机の真ん中に提出する。
> ② 全員の提出後、カードを表にして投資額の総計を計算し、その金額を2倍にしたうえで4人に均等に配分する。
> ③ それぞれの最終的な獲得金額を確認する。
> ④ なぜ、その投資額を選択したのかその理由について話し合う。

　この実験では、全員が全額を投資するとグループ全体の獲得金額が最大化できる（2,000円×2倍＝4,000円、1人1,000円）。しかし、個人の獲得金額を最大化させたいのであれば、自分は1円も投資せずに他のメンバーに投資させた方が合理的である。ただし、他のメンバーも同じように考えて投資をやめてしまうため、誰も投資をしないことが理論的な帰結となってしまう。こうした状態を**社会的ジレンマ**と呼ぶ（Dawes 1980）。選挙の文脈でいえば、投資が投票に、グループ全体の獲得金額が代表性に対応しているわけである。

　政治参加はもちろん、環境や国防などさまざまな領域において、社会的ジレンマはつきものである。法による強制などがなければ、理論的にはメンバー全員がタダ乗りして公共財は供給されないはずである。しかし、個人がコストをかけて投票に行ったところで結果は変わらないにもかかわらず、実際には多くの人が投票に行くように、この実験でも必ずしも全員がタダ乗りするわけではなく、公共財が供給されることが多いことがわかっている（Marwell & Ames 1981）。こうした個人の協力行動は、政治学だけでなく、経済学や心理学でも

そのメカニズムの解明に向けて、現在活発に研究されている領域なのである。

> **まとめのワーク**
>
> 　選挙を中心とした民主主義体制が維持されるにはどのような制度や政策が有効だろうか、第 2 章（公共財）、第 3 章（選択的接触）、第 8 章（一票の格差）での議論も踏まえて考えてみよう。

> キーワード

争点投票
　有権者がその選挙の争点について、自身と候補者・政党の位置関係に基づいて投票先を決めること。争点投票のうち、距離の近さを基準に投票するという考え方を近接性モデル、政策変更の向きを基準に投票するという考え方を方向性モデルという。争点が増えれば増えるほど、また、立候補している候補者や政党の数が増えれば増えるほど、認知負荷が高くなり、有権者は投票先を決めることが難しくなる。

党派性
　政党をはじめとしたさまざまな集団に対して、個人が支持したり、愛着や帰属意識をもったりする心理的な傾向のこと。日本で代表的な指標としては「政党支持態度」、アメリカで代表的な指標としては「政党帰属意識」が挙げられる。いずれも投票行動を一定程度規定しているといわれているが、それぞれの指標が測定している概念は必ずしも同一ではない。

社会的ジレンマ
　ある集団に属していて、協力するかどうかを選択することができる個人にとって、集団内の他のメンバーがどのような行動を選択したとしても、その個人は協力しない方が高い利得を得られるが、メンバー全員が協力しなかった場合に得られる利得は、全員が協力を選んだ場合に得られる利得よりも低い、という状態のこと（Dawes 1980）。

> ブックガイド

飯田健・松林哲也・大村華子『政治行動論——有権者は政治を変えられるのか』有斐閣、2015年
　政治的態度、投票行動、政治参加、メディアの影響といった有権者の政治行動全般について基本から最先端の研究までをわかりやすく紹介している。

山田真裕・飯田健編『投票行動研究のフロンティア』おうふう、2009年
　投票行動に関する数多くのモデルを体系的に解説している。最先端の研究も紹介されており、難易度はやや高めだが投票行動論を網羅したい学生に向いている。

山田真裕『シリーズ日本の政治4　政治参加と民主政治』東京大学出版会、2016年
　政治参加に関するさまざまな理論、モデル、研究例について、古典から近年の研究動向まで紹介されている。

第7章 ワークシート

【はじめのワーク】

以下の条件のとき、有権者 v は、X と Y どちらの候補者に投票するだろうか？ 理由も含めて書いてみよう。

- 2人の候補者 X と Y が、ある選挙区で立候補しているとする。
- この選挙の争点は消費税の税率で、現状の消費税率は 8％であり、候補者 X は新たな消費税率を 10％に増税することを、候補者 Y は 3％に減税することを公約に掲げているとする。
- その選挙区に住む有権者 v は、消費税率 7％が望ましいと考えているとする。

_____ 理由：_____

【まとめのワーク】

選挙を中心とした民主主義体制が維持されるにはどのような制度や政策が有効だろうか、第2章（公共財）、第3章（選択的接触）、第8章（一票の格差）での議論も踏まえて考えてみよう。

基礎ゼミ　政治学

第 **8** 章

民主主義にはどのような制度があるのか？
―― 執政府-立法府関係と一票の格差

鎌原勇太

イントロダクション

　第4章では、民主主義とはどういったものなのかについて学んできた。それでは、現実社会において、民主主義は具体的にどのように制度設計されているのであろうか。

　投票する権利が財産や性別などで制限されず、複数の政党が選挙を通じて政治権力を求め競争する政治体制は、民主主義体制と呼ばれる。しかし、同じ民主主義体制であっても、日本とアメリカでは、それぞれ議院内閣制と大統領制という政治制度を採用している点で、民主主義の制度設計がまったく異なる。つまり、民主主義といっても1つの制度設計が想定されているのではない。

　この章では、議院内閣制や大統領制の違いを学ぶとともに、私たち市民は、どのように権力者である国会議員や大統領を選んでいるのかについて、一票の格差という視点から考えていこう。そうすることで、われわれが暮らしている国家や社会が採用する民主主義の制度が、多様であることや完璧ではないことを学んでいこう。

1　議院内閣制と大統領制

　日本やアメリカは民主主義の国である。それぞれ執政府（内閣）、立法府（議会）、司法府（裁判所）を有する。執政府は、行政府と呼ばれたり、単に政府と呼ばれたりする場合も多い。また、政府は、執政府、立法府、司法府を総称する意味で使われる場合もある。

8 民主主義にはどのような制度があるのか？

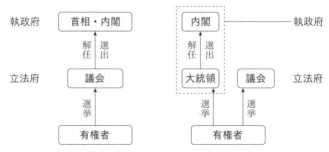

図 8-1　議院内閣制（左）と大統領制（右）（Shugart（2005）の Fig. 2 を元に筆者作成）

　日米には、それぞれ議院内閣制と大統領制という制度的な違いがある。図 8-1 のように、議院内閣制は、私たち有権者が議員を選び、その議員から構成される立法府によって、執政府の代表（政府首班）である首相とその内閣が選出されるとともに、議会が首相・内閣を解任できる制度である。これに対し、大統領制は、国家の代表（国家元首）である大統領と議会の議員を別々に選ぶ制度である。

　歴史的にみると、議院内閣制の代表例はイギリスであり、大統領制の代表例はアメリカである。イギリスでは、1688 年の名誉革命以前、国家元首である国王が絶対的な権力を有し、議会を支える富裕層の財産を課税や貸借契約の不履行といったかたちで無制限に奪っていた。それに反感を抱く議会と国王が対立するなかで名誉革命が起こり、時の国王が権力の座から退けられ、それ以降国王の権力が制限されることになった（North & Weingast 1989）。その後、国家を統合し、象徴する機能、そして国家に関する儀礼的祭事的行為を行う機能を表す「君臨するという機能」と、実際に政策を通じて「統治するという機能」が、長い時間をかけ 19 世紀頃区別された（Needler 1996；リッグズ 2000；待鳥 2015）。つまり、国家の代表である国王が「君臨する機能」を有し、その国王のもとで、執政府の代表である首相と内閣が「統治する機能」を有しているという機能の分離が行われた。そして、この「統治する機能」を有する執政府は、議会の支持を必要とする。このような経緯で、イギリスの議院内閣制は生まれ、確立した。

　これに対し、独立戦争（1775〜83 年）を通じてイギリスから独立したアメリ

カでは、合衆国を構成する各州内の議会の権力が大きく、政治的な機能不全に陥っていた。その一方で、議会に対抗しうる存在としての国王に人々は嫌悪感をもっていた。そのため、アメリカでは、その国王に代わる存在として、「君臨する機能」と「統治する機能」の両方を有する大統領を、一定期間ごとに選挙を通じて選出することとした。また、同時に、大統領の権力を抑制しうる存在として、異なる選挙を通じて選ばれる議会が存在することで、大統領と議会がお互いの権力を抑制しあうことが期待された。以上のような機能や役割を目的とした大統領制がアメリカに誕生した（リッグズ 2000；待鳥 2015）。

歴史的には、国家の代表と執政府の代表が異なる制度が議院内閣制であり、国家の代表と執政府の代表を一人で担っている制度が大統領制である。また、アメリカの大統領を思い浮かべると、大統領は非常に強力な力を有していると思うかもしれないが、大統領と議会の間で権力が分立されているといえる。

それでは、実際の国々はどのような制度設計を有しているだろうか。【はじめのワーク】に取り組んでみよう。

はじめのワーク

イタリア・ドイツ・フランス・韓国のなかで2カ国を選び、大統領制か議院内閣制かに分類しよう。また、そう判断した理由をワークシートに書いてみよう。時間があれば、自分の興味ある国について調べてみよう。各国の情報は、次のサイトで確認できる。

- 外務省公式サイトにある「国・地域」（https://www.mofa.go.jp/mofaj/area/）から、国名を探す。国名から、「基礎データ」→「政治体制・内政」とクリックする。
- 情報が不十分であれば、各国の大使館のサイト、新聞記事なども情報源として利用する。

2 執政府-立法府関係

【はじめのワーク】では、大統領と首相が両方存在する国について、大統領

制なのか議院内閣制なのか分類に迷ったのではないだろうか。この節では、民主主義国家における制度設計に関して新たな視点を学んでいこう。

より政治学的に考えてみると、大統領制と議院内閣制は、政策を実施する内閣にあたる「執政府」（とその長）と法律を作る国会にあたる「立法府」の関係を指す「執政府-立法府関係」によって決まるとされる。特に、執政府の樹立と存続がどのように行われるかが重視される（Shugart 2005）。

大統領制は、執政府の長である大統領と法案を審議する立法府が異なる選挙によって選ばれており、大統領と議会の権力は分離している。また、議会の3分の2といった特別多数決や犯罪に関与するといった特別な場合を除き、議会が大統領を解任させることは通常できないため、執政府の権力は立法府に依存しない。

これに対し、議院内閣制は、議会選挙で勝利した多数派によって内閣が樹立されるとともに、議会が内閣不信任案を通常、議会の2分の1以上、つまり過半数で可決することで内閣（またはその長である首相）を解任することができる。その意味で、議院内閣制では、執政府が立法府に従属しており、執政府と立法府の権力は融合している。したがって、南アフリカには大統領と呼ばれる執政府の長が存在するが、議会が大統領の選任と解任の権限をもつため、議院内閣制とされる。

イタリアをはじめとして、インドやドイツのように、大統領が議会によって間接的に選ばれ（州議会が関与する国等もある）、その大統領は象徴的・形式的・限定的な役割、すなわち「君臨する機能」しか有していない国がある。このように、大統領は存在しても首相に実際の権限がある国家は議院内閣制に分類される。一方、韓国では、首相の権限が弱く、また首相を解任させる権限を立法府がもっていないため、大統領制に分類される。

これに対し、フランスなどは、大統領が国民によって直接選ばれるだけでなく、首相（および内閣）が議会によって選ばれるとともに解任される制度を有している。このように、政治権力を国民に依存する大統領と議会に依存する首相（および内閣）の両方を有する政治制度は、「半大統領制」と呼ばれる。

しかし、これだけが執政府-立法府関係に関する分類方法ではない。近年、さまざまな分類方法が提案されているので（今井 2017）、意欲的な学生はそれ

らを参照してほしい。

それでは、これまでの議論を踏まえて、【メインのワーク】に取り組んでみよう。

> **メインのワーク（ディベート）**
>
> 現在の日本で、首相を国民の投票で直接選ぶ制度を導入すべきだろうか。「導入すべき」と「導入すべきでない」にわかれて、討論してみよう。
> ⇨ディベートの進め方（p.8・9）参照

3 首相公選制の導入と大統領制民主主義

【メインのワーク】の議論のなかで、大統領や大統領化した首相の良い点として、大統領や首相を国民が直接選べることや強い指導力を期待できるということが挙げられたのではないだろうか。かつて、日本でも国民の意思を直接反映したリーダーを選ぶために、国民が首相を直接選ぶ「首相公選制」の導入が関心を呼んだ。歴史的、制度的にみれば、議会の多数派である政党を率いる首相は、執政権と立法権をコントロールしていることから、議会と権力を抑制しあう大統領制における大統領よりも、議院内閣制における首相の方が強い指導力を期待できるはずである（建林・曾我・待鳥 2008）。だが、日本では政党のなかに存在する集団（派閥）の意向や政党間の交渉などによって、政策や首相が決められていたことから、国民の意思と大きく離れた政治が行われていた。その結果、社会で政治不信が高まるとともに、議会、特に与党議員に左右されないという意味で強い指導力をもつ首相が望まれたのである（大石・久保・佐々木・山口編 2002）。

そこで、当時の小泉政権下において「首相公選制を考える懇談会」が設置された。2002年に発表された懇談会の報告書では、議院内閣制を前提とした二つの案と、私たちが「首相公選制」と聞いた場合に想像するような、アメリカの大統領制に近い「国民が首相指名選挙を直接行う案」が提案された（大石ほか編 2002）。しかし、現在も日本は首相公選制の導入に至っていない。

それでは、現実において首相公選制を導入した国はあるのだろうか。かつてイスラエルが議院内閣制から首相公選制の導入へと制度を変更する「実験」を行った。イスラエルの選挙制度は、議席の少ない小政党が乱立しやすく、議席の多い大政党も過半数の議席数を獲得できないような選挙制度を採用していた。そのため、複数の政党によって1つの政権を樹立するため、政党間で交渉が必須の連立政権が常態化していた。また、日本やイギリスのように首相に議会の解散権がなかった。そのため、首相の指導力が非常に弱く、有権者の政治的不満が高まっていたとされる（池田 2002）。そのような政治状況のなか、1992年に議会の解散権を有する首相を国民が直接選ぶ首相公選制が導入された。

　それでは、良いこと尽くめにも思える首相公選制の導入の結果はどうだったのであろうか。この「実験」の結果、強い首相を生むどころかかえって首相の政治指導力はいっそう弱まった。首相を選ぶ選挙と議会選挙を同時に行った結果、有権者はそれぞれの選挙において投票する政党を変えたからである。特に、議会選挙において有権者は小政党に投票する傾向にあったため、大政党が議席数を減らす一方、小政党が乱立した。その結果、首相は政権を維持させるために小政党との関係によりいっそう腐心しなければならなかったのである（池田 2002）。

　以上のような思いもよらない結果から、イスラエルは、2001年に議会解散権を首相に残しつつ首相公選制を廃止した。壮大な制度実験は失敗に終わった。

　それでは、大統領に似た役割を与えることを目標とした首相公選制の失敗だけでなく、根本的に大統領制と議院内閣制はどちらが「良い」のであろうか。それを考えるにあたり、大統領制よりも議院内閣制の方が民主主義体制は安定していると主張する「大統領制民主主義の失敗」論が役立つ（リンス 2003）。

　まず、大統領制では、大統領も立法府も別々の選挙を通じて国民の声を代弁するため、大統領も立法府も正統であるという意味で、「二重の民主的正統性」がある。その結果、大統領の所属する政党と立法府における多数派の政党が異なる状況に直面すると、大統領の指導力は発揮されにくい状況が生まれる。

　また、大統領選挙は、勝者と敗者の明暗がはっきりとわかれる**ゼロサム・ゲーム**である。選挙の勝者は執政府に関する権力をすべて手中に収めるのに対し、敗者は権力から完全に締め出される。その結果、政治や社会のなかで、勝

者を支持する人々と敗者を支持する人々の間で緊張状態が高まるとされる。このため、大統領制は、議院内閣制に比べて民主主義体制が崩壊してしまうような不安定な状況をもたらすこともありうるとされる。

これに対し、議院内閣制においては敗れた政党が必ずしもすべてを失うわけではない。議院内閣制では、議会選挙での勝者であり内閣を組織している与党が政権を維持するために、議会の多数の支持を確保する必要がある。そのため、議席を確保する政党には政権与党との交渉の機会が開かれるのである。

4 より良い民主主義はあるのか

多数決型民主主義と合意形成型民主主義　これまで、民主主義の多様性について大統領制と議院内閣制という制度から考察してきた。それでは、そもそも民主主義と聞くと何を思い描くであろうか。多数決と同じだと考える人が多いのではないだろうか。

かつて、政治学においても民主主義と多数決をイコールとする考えが主流であった。つまり、多数派である過半数の有権者の利益に即した政治を行うことを民主主義であるとする**多数決型民主主義**が理想とされた。これは、統治に必要な権力を多数派政党や権力者に集中させ、政治が競争的・敵対的になる民主主義を指す。現実には、各選挙区でもっとも多い票を獲得した一人のみを議員として選出する小選挙区制や二つの大きな政党が政権を争う二大政党制、ある1つの政党が議会で過半数の議席を有して政権を担う単独過半数内閣といった多数派に権力を集中させるようなさまざまな特徴をもつ国家が、その典型例とされる。たとえば、2010〜15年に連立政権が樹立されたものの、その多くの時期に単独過半数内閣が樹立されてきたイギリスでは、もっとも多く票を獲得した候補者や政権を担う政党以外に投票した有権者の意思は反映されない。

これに対し、A. レイプハルト（2014）は、**合意形成型民主主義**（コンセンサス型民主主義）という概念を提示した。これは、幅広い考え方やそれらを代表する政党を意思決定に参加させることで、多数派というものを単なる過半数ではなく、より大きなものにしようとする民主主義を指す。つまり、統治に必要な権力を1つの勢力だけでなくさまざまな勢力に共有させ、政治が交渉的になる

民主主義のことである。現実には、得票数に応じて議席が配分される比例代表制や複数の政党が競合する多党制、複数の政党が協力して政権を担う連立内閣といった多様な勢力の間で権力を分けあうような特徴をもつ国家が、合意形成型民主主義に分類される。たとえば、ベルギーでは、宗教、階級、言語といった対立軸が社会的基盤を形成している。そして、それらに沿って多くの政党が結成されている。比例代表制を通じて議席を割り振ることで、多くの政党が議会に議席を獲得する結果、過半数を有するような大政党がなく、複数の政党によって連立内閣が形成されているという点で、権力が共有されているのである。

権力者の選び方と私たちの一票

図8-1のとおり、議院内閣制では立法府の議員を議会選挙によって選び、大統領制では大統領と議員をそれぞれの選挙によって選ぶ。どのような政治制度のもとで暮らしているにせよ、権力者を選ぶにあたって私たちの一票は重要である。それが私たちの声であり意思だからである（第4章参照）。それでは、私たちの一票は政治にしっかりと反映されているのだろうか。最後に、議院内閣制の日本に住む私たちにとって、一票の反映に関するもっとも身近な問題について考えてみよう。

民主主義にとって「一人一票の原則」は不可欠である。ある有権者がもつ一票の価値が別の有権者の一票の価値の2倍や3倍であるということは、その有権者は別の有権者よりも政治的な影響力が強いといえるからである。しかし、現実において一人一票が完全に実現する選挙制度は、全国が1区であるときだけである。全国を複数の選挙区に分けた場合、国会議員1人当たりの有権者数をすべての選挙区の間で完全に等しくすることはできない。議員1人当たりの有権者数が少ない選挙区では、その数が多い選挙区に比べて、有権者の意見が過大に代表されているといえる。つまり、各選挙区に割り当てられている議員の議席数と有権者数の間に釣りあいが取れておらず、ここに一票の格差という問題が生じる。これを**議員定数不均衡**と呼ぶ。

日本において一票の格差といえば、国会議員1人当たりの有権者の数が最大の選挙区と最小の選挙区を比較したものである。つまり、議員1人当たりの有権者数の最小値と最大値が1万人と2万5千人の場合、一票の格差は1：2.5となり、これら選挙区の間の格差の解消に注目する。しかし、これは両極端の

値を比べたものにすぎず、それ以外の選挙区を含めた議員定数不均衡を検討しておらず、一票の格差の現状を知るには不十分であるとされる（和田 2010）。

一票の格差の存在は、民主主義にとって一人一票の原則を侵害するだけではない。たとえば、日本において過大に代表されている地域ではより多くの財政配分を享受していることが明らかにされている（Horiuchi & Saito 2003）。

しかし、一票の格差は悪影響を及ぼすだけとは限らない。たとえば、人口が多数派に比べ極端に少ない少数派や都市部に比べ少ない農村部は、選挙や議会においてその意見を反映させることが難しい。そこで、少数派や農村部に過大に議席を配分することで、彼らの意見を少しでも反映できるという面もあるといえよう（Snyder & Samuels 2004）。

本章では、民主主義は1つではなく、それぞれが利点や欠点を抱えていることを政治制度の観点から論じてきた。今後、さまざまな制度設計から民主主義について理解を深め、民主主義について考えつづける必要があるだろう。

> **まとめのワーク**
>
> 本章では、民主主義をさまざまな政治制度から論じてきた。本章の議論を踏まえて、民主主義にとってより良いと思う制度を1つ挙げ、その理由をまとめてみよう。

8 民主主義にはどのような制度があるのか？

> キーワード

ゼロサム・ゲーム

　社会や政治などにおいて参加者の行動が相互に影響しあうなかで、その一方が勝者になれば、他方が敗者になるような状況を指す。ゼロサム・ゲームにはじゃんけんや将棋、チェスなどが含まれる。他方、お互いの国が自国の安全のために軍備拡張競争をした結果、戦争の危険性が増し安全が脅かされるといったような敗者ばかりの状況などは含まれない（中山 1997；鈴木・岡田 2013）。

多数決型民主主義と合意形成型民主主義

　この二つの民主主義を分ける制度として、本文で挙げた選挙制度などに加えて、一院制か二院制か、中央集権か地方分権か、連邦制か否かといった権力の集中か分権かにまつわる計 10 次元の制度を挙げ、レイプハルト（2014）は 36 カ国をそれぞれの民主主義に分類している。

議員定数不均衡

　議員定数が均衡な状態は、議員 1 人につき各選挙区の有権者数が完全に同数の場合であり、そうでない場合は必ず不均衡が生じる。衆院選の小選挙区の場合、この不均衡は、各都道府県に議席を割り当てるときと、その後に都道府県をどのように区割りするかというときの各段階で生じ得る（和田 2010）。

> ブックガイド

砂原庸介『民主主義の条件』東洋経済新報社、2015 年

　選挙制度や政党、一票の格差など民主主義にまつわる広範な問題を日本に関する事例を踏まえ平易な文章で学ぶことができる。

粕谷祐子『比較政治学』ミネルヴァ書房、2014 年

　各国の政治や政治制度を比較することで、各国の共通点や相違点を見出す比較政治学に関する定評ある教科書。本章で取り上げた内容だけでなく、内戦や選挙制度などさまざまな分野を学ぶことができる。

レイプハルト、A.『民主主義対民主主義——多数決型とコンセンサス型の 36 カ国比較研究［原著第 2 版］』粕谷祐子・菊池啓一訳、勁草書房、2014 年

　政治学に多大な影響を与えた筆者によって執筆され、本章で取り上げた合意形成型民主主義について議論し、データ分析を行った政治学の大著。

第8章 ワークシート

【はじめのワーク】
　イタリア・ドイツ・フランス・韓国のなかで2カ国を選び、大統領制か議院内閣制かに分類しよう。また、そう判断した理由をワークシートに書いてみよう。時間があれば、自分の興味ある国について調べてみよう。各国の情報は、次のサイトで確認できる。
・外務省公式サイトにある「国・地域」（https://www.mofa.go.jp/mofaj/area/）から、国名を探す。国名から、「基礎データ」→「政治体制・内政」とクリックする。
・情報が不十分であれば、各国の大使館のサイト、新聞記事なども情報源として利用する。

選んだ国：＿＿＿＿＿＿＿＿＿＿＿　　分類：　大統領制　　議院内閣制　　わからない

分類の理由：＿＿＿＿＿＿＿＿＿＿＿＿＿＿＿＿＿＿＿＿＿＿＿＿＿＿＿＿＿＿＿＿＿

選んだ国：＿＿＿＿＿＿＿＿＿＿＿　　分類：　大統領制　　議院内閣制　　わからない

分類の理由：＿＿＿＿＿＿＿＿＿＿＿＿＿＿＿＿＿＿＿＿＿＿＿＿＿＿＿＿＿＿＿＿＿

選んだ国：＿＿＿＿＿＿＿＿＿＿＿　　分類：　大統領制　　議院内閣制　　わからない

分類の理由：＿＿＿＿＿＿＿＿＿＿＿＿＿＿＿＿＿＿＿＿＿＿＿＿＿＿＿＿＿＿＿＿＿

【まとめのワーク】
　本章では、民主主義をさまざまな政治制度から論じてきた。本章の議論を踏まえて、民主主義にとってより良いと思う制度を1つ挙げ、その理由をまとめてみよう。

＿＿＿＿＿＿＿＿＿＿＿＿＿　理由：＿＿＿＿＿＿＿＿＿＿＿＿＿＿＿＿＿＿＿＿＿＿＿

＿＿＿

＿＿＿

＿＿＿

＿＿＿

基礎ゼミ　政治学

第 9 章
国を治めるのはだれか？
——政治家と官僚

笹岡伸矢

イントロダクション

　2017年、政治の世界では「忖度(そんたく)」という言葉が流行した。これは、政治家の意向を官僚が汲み取って、それを実行に移すことを指して使われた表現である。メディアで取り上げられたこの「忖度」という言葉の裏には、官僚が、特定の利益に染まった政治家の顔色をうかがい、彼ら彼女らの考えに沿って物事を進めていく、という構図が透けて見える。しかし、政治家は国民から選ばれた人たちであり、官僚はその人たちの意見を最大限尊重するのは当たり前だという考えもある。国民の信託を受けた政治家が、その国民のために政治を行うことは民主政治においては当然のことだという前提があるからである。

　この章では、官僚と政治家の関係について考えていきたい。実際に政治過程において官僚と政治家がどのような役割分担をし、どのように影響を与えあっているのかという点に注目してみていこう。

1　官僚と「忖度」

　2016年、大阪府にある学校法人M学園が小学校建設のため、9億円以上の鑑定価格がついた国有地を、適正価格からおよそ8億円も値引きされたかたちで購入した。売却したのは、財務省近畿財務局というところであったが、M学園の理事長夫妻と安倍晋三首相夫妻とのあいだにつながりがあったことから、政治家である首相が、官僚に対して口利きをしたのではないかという疑惑が生じた。これに対して首相は口利きを否定しており、官僚が勝手にやったことだ

と主張している。

　また、岡山県にある学校法人K学園が国の国家戦略特区に獣医学部の新設を申請し、2017年に愛媛県今治市に獣医学部を新設することが認められた。申請については、国家戦略特区にかかわる内閣府と、学部の新設を認可する文部科学省が協議したが、難色を示す文科省に対して、内閣府から「官邸や首相から要請があった」と伝えることで認可を急がせたのではないかという疑惑が生じた。これに対しても、首相やかかわった政治家は圧力をかけた覚えはなく、官僚が独自にやったことであるとの認識を示した。

　この2つの出来事に共通するのは、首相などの政治家とつながりのある法人からの要求があり、それに対して中央省庁のエリート官僚たちが、背後に政治家の意向があると判断し、その法人のやりたいことに許可を与えたのではないかという点である。実際、官僚が公文書を偽造してつじつまをあわせようとしたのではないかという問題にまで発展しているが、これはまさに官僚の「忖度」の問題である。はたして、政治家は圧力をかけたのか。官僚が「忖度」したのか。はたまた、官僚は政治家とは無関係に中立的な行動をしたのか。それらの問題を考える前に、まず政治家と官僚の関係について考えてみよう。

はじめのワーク

　日本の政治では、政治家と官僚のどちらが重要な役目を担っていると思うか。理由を含めて書いてみよう。時間があれば、2人組になって、ワークシートに書いたことを紹介しあってみよう。

2　官僚と政治家

　政治家が決め、官僚がそれを実行する。これが一般論ではあるが、この世の中を支配しているのは官僚であるという意見を聞いたことはないだろうか。このような立場を**官僚優位論**というが、たとえば、元首相の菅直人は官僚が日本を支配しているとし、その負の側面について指摘しつづけたことは、つとに有名である（菅 1998）。彼が属していた当時の民主党が政権をとったあと、彼は

実際に「霞が関〔官僚〕なんて成績が良かっただけで大ばかだ」と発言して話題になった。しかし、そんな菅も首相就任後、消費増税や財政再建など、民主党の当初の政策から逸脱した政策を主張しはじめた。これは、官僚の影響を強く受けたのではないかとみられている。

では、具体的には、官僚はどのような力をもっているのか。日本で法律を作る場所は国会であるが、そこに法案を提出することができるのは内閣と国会議員だけである。しかし、国会議員の手からなる法案よりも内閣提出法案の方が多く、その数は約7割を占める。そこで実際にその法案を作っているのは、官僚である。法案の説明についても、大臣に代わって官僚が受け答えすることもある。日本国憲法によれば、行政権は内閣に属するわけだが、内閣は首相と各省の大臣（閣僚）からなる。内閣の意思決定は、首相と各大臣が参加する閣議においてなされるが、これも形骸化しているとされる。実質的には、官僚、特に公務員試験に合格した人たちからなる事務方のトップに位置する事務次官などからなる会議（事務次官等会議）で物事が決まるとされてきた。事務次官とは、ある省において、その事務方の最上位の役職である。以上の事実から、日本は、官僚が内閣を動かしているという官僚内閣制の国だと指摘されることもあった。

その官僚中心の見方に対し、政治家の影響力を重視する考えもある。特に与党・自民党の影響力の強さを指摘する考えを**政党優位論**という。官僚が物事を実質的に作り上げているとしても、政治家の意に反して物事を進めることはできない。官僚は政治家が良いと考えるものを先取りして行動するのである。言い換えると、官僚はみずからの好む問題（これを「選好」という）はあるものの、政治家の好む問題にみずからの意見を寄せていくことになるのだ。

メインのワーク（RPG）

1．趣旨
政治家と官僚のあいだで生じやすい「忖度」のメカニズムとはどのようなものなのだろうか。官僚がみずからの選好と政治家の選好のあいだのギャップを埋めるために、政治家の選好にみずからの考えを寄せていくことを体感してみよう。

2．準備

① 3〜5人で1つのグループを作る。
② ジャンケンでマスターを1人選ぶ。その人が政治家になり、残りはみな官僚となる（A官僚、B官僚などとする）。最初、みな50点からスタートする。
③ トランプ（もしくはそれに代わるもの）を用意する。1から10までの数字のカードを1枚ずつ選び出し、裏にして山を作る。

3．内容

① 政治家（マスター）と官僚全員がトランプを引く。

　　この数字が、政治家と官僚それぞれの数値化された政策の選好であると考える。

② 政治家の選好を知る。

　　政治家（マスター）はトランプの数字を官僚全員に見せる。これは選挙で公約した政策の内容であり、政治家の数値化された選好であると考える。

③ 官僚と政治家のあいだで交渉する。

　　官僚は自分の手持ちの数字（持論）を見せずに、政治家に対して、紙に提案したい数字（妥協案）を書いて渡す。官僚どうしは互いの選好がわからないようにする。たとえば、政治家（マスター）の数字が「5」で、A官僚の手持ちの数字が「1」、B官僚が「7」だったと想定してみる。官僚たちは自分の選好を隠して、政治家（マスター）に好きな数字を提案できる。A官僚は「1」に近い数字を提案することができる。しかし、B官僚が「7」に近い数字を提案すると、政治家はそちらの方が良いと判断してしまう。それを避けるためにA官僚は「4」などを提案できる。

④ 政治家が官僚の提案を1つ選択する。

　　政治家（マスター）は官僚側の複数の提案のなかから1つ選択する。同じ数字の場合はどれか1つを選ぶこととする。政治家（マスター）と選ばれた官僚は自分の手持ちの数字と実際に選択された数字の差を、手持ちの点数から引く（選ばれた数字が「6」で官僚が「2」なら、官僚は手持ちの点数から4点引く）。選ばれなかった他の官僚は一律10点引く。マスターがその点数を記録する。

⑤ これを3回繰り返す（場合によっては回数をもっと増やしてもよい）。

　　最終的にもっとも点数が高かった官僚が勝ち。

3 政治主導

「政治家」が意味するもの

以上の【メインのワーク】において、政治家の考えに官僚があわせていくことを追体験できただろうか。官僚は優秀であるかもしれないが、政治家のやりたいことにあわせていくことが重要であり、官僚の能力を生かすためには政治家と手を携えて物事を進めることが必要なのである。しかし、官僚は、自分の選好を隠して政治家に、自分たちの思惑に近い政策を選択させることもできるだろう。そのようなある種の「賢さ」も官僚には必要なのかもしれない。

この「政治家」には2つの意味が含まれている。1つは、「55年体制」下で一党優位の状況を続けてきた「与党・自民党」という意味である。もう1つは、近年の「官邸主導」という言葉に代表されるのだが、与党から選出された「首相・内閣」という意味である。日本は議院内閣制（第8章参照）を採用しており、立法府たる国会の衆議院で多数派を占めている与党が、執政府の首相・内閣の基盤をなしている。官僚は、立法府と執政府の両方に存在する政治家に対峙しなければならないが、これまでの歴史において与党と内閣では強い影響力を有した時代が異なるので、それぞれについてみていこう。

与党の時代

まず、政治家のなかでも「与党・自民党」が強い時代があった。この時期は、いわゆる「55年体制」が形成されたあと、一時自民党は政権の座を追われたものの、その後政権に復帰してから、1990年代後半まで続いた。この時期には、政府提出法案を与党・自民党が国会提出前にチェックするという**与党事前審査**が定着していた（この制度は今なお存在する（中北 2017））。自民党のなかにある政策担当部門である政務調査会と、全体の意思決定機関である総務会の承認がなければ、法案は国会に提出されなかったのである。この事前審査で活躍したのが族議員と呼ばれる与党政治家であった。彼ら彼女らは、ある政策分野に精通し、利益団体と強いつながりをもっており、自民党長期政権のもと、官僚と考え方が徐々に一体化していった。

Ⅲ　制度と政治

　この時期は、首相の補佐機構が脆弱であり、政策形成は首相や内閣が主導して行うことはできず、むしろ、与党の族議員と官僚が政策を作り上げていくボトムアップ型の政策形成がみられた。こうして、政府（内閣）と与党が別々に存在するような状況が生まれた。これを政府・与党二元体制と呼ぶ。しかし、与党政治家と官僚、さらには利益団体の強固な関係（第1章参照）は「癒着」と揶揄されることもあり、汚職というかたちで顕在化する。

内閣の時代　官僚に対する強い批判が生まれるようになった1990年代以降、多様な政治課題に対応するため、首相のリーダーシップを強化すべきという声が盛り上がった。時間をかけて、下からの声を引き上げていくだけでは、急速に変化する国内問題に対応できなくなるだけでなく、国際社会の動向にもついていけなくなる可能性が指摘されるようになったのだ。

　1996年に首相に就任した橋本龍太郎は、内閣機能の強化と省庁再編をすすめる行政改革を実行した（これを「橋本行革」という）。結果、2001年の中央省庁再編が達成された。各省庁の上位に位置する内閣府が設置され、内閣官房も強化されることとなり、特命担当大臣の制度や重要会議（経済財政諮問会議など）の設置などが可能となった。また各省に、大臣に加えて、副大臣と大臣政務官を置けるようにし、政治家が内閣の一員として政策に関与できる機会を増やした（大臣・副大臣・大臣政務官をあわせて政務三役という）。これにより、内閣はそれまでの主な機能である総合調整機能に加えて、企画立案の権限も獲得することとなった。そのような背景のもと、登場したのは、「首相・内閣」が強い時代である（竹中 2006）。

　このような、首相を中核とした政府はコア・エグゼクティブと呼ばれるが、首相中心の強力な内閣が誕生し、その内閣による一元的統制が可能となる環境が整った。この環境をもっともうまく利用したのが、2001年から首相の座に就いた小泉純一郎であった。小泉はボトムアップ型の政策決定過程をトップダウン型に切り替えようとし、政治家である首相から官僚に指示を出すことで政策を実行に移そうとした。このようなやり方は、**官邸主導**などと呼ばれた（清水 2005）。このような政府主導の政策過程が形成されつつあるなかで、官僚の

利益団体との接触機会は縮小していった。官僚には、さまざまな利害の調整能力よりも、決められた役割を粛々と実施する能力が必要となっていったといわれている。

だが、この官邸主導は小泉以降、短命政権が続いたことから、十分に機能しなかったのではないかとみられるようになった。つまり、官邸主導が根づいたのであれば、小泉以降の首相はもっと長く政権を務めてもよいはずである。この考えは、首相の強力なリーダーシップは内閣機能の強化だけではうまく説明できないということを含意とする。しかし、省庁再編や内閣機能の強化を含むさまざまな制度変革は、日本の政治のあり方を決定的に変えたという主張もある（待鳥 2012）。

4 政権交代と現在

2009 年、自民・公明連立政権から、民主党中心の政権へと交代した。民主党は政府・与党二元体制を制度的に克服するため、政策調査会を廃止し、内閣に一元的な政策決定の主体となる地位を担わせようとした。また、事務次官等会議を廃止して、大臣・副大臣・大臣政務官だけの政務三役会議が各省をまとめる制度を作ろうとした。

しかし、政策調査会の廃止は、一般の議員が政策に関わる機会を失うことを意味したため、彼ら彼女らの不満を生み出した。また、官僚を排除し、政治家は官僚の力を借りずに物事を進めようとしたものの、官僚は政治家と対立して情報を伝えないなどして、政治家と官僚のあいだで軋轢が生じた。それまでは事務次官等会議で調整を図っていたのにもかかわらず、それを廃止したために省庁間の連携も取りづらくなった。そして、官僚を排除することになったために政務三役の業務が過大となってしまった。結局、民主党政権の後半には政策調査会は復活し、官僚との連携は回復することとなった。

2012 年、民主党から自民・公明の連立政権へと権力は移り、第 2 次安倍晋三内閣が発足した。安倍内閣では、各省事務次官の横の連携を回復し、次官連絡会議が開催されるようになった。民主党政権の失敗を反面教師として、安倍は官僚との関係回復に努める一方、2014 年に内閣人事局を創設し、各省の幹

部官僚の人事権も掌握した。また、安倍内閣ではボトムアップ型の代名詞となっている事前審査制を残しつつ、トップダウン型の政策決定も補完的に組みあわせる方法をとっている（中北 2017）。

　安倍首相は、2019年2月に連続在職日数が歴代2位となり、11月には歴代1位になることが予想されている。この長期政権下で、政治家の対官僚の影響力はかなり強まっているようにみえる。今後、どのような展開をみせるのだろうか。その点に注目して政治家と官僚の関係をみていくのもおもしろいのではないだろうか。

> **まとめのワーク**
>
> 【メインのワーク】を行った感想を踏まえ、政治家と官僚の望ましい関係についてまとめてみよう。

> キーワード

官僚優位論／政党優位論
　政治家（特に政党である自民党）と官僚ではどちらの方が影響力が強いかについて、官僚が日本の政策決定の中心にいるという考えが「官僚優位論」であり、反対に政治家が官僚をコントロールしていたという考えが「政党優位論」である。

与党事前審査
　自民党政権下において、内閣が国会に提出する法案や予算案が閣議決定される前に、与党・自民党の了承が必要とされる。この審査のことをいう。

官邸主導
　首相・内閣が主導して政策立案・予算案作成を進めていくことである。官邸とは首相官邸のことである。首相主導、首相支配などという表現もある。

> ブックガイド

中北浩爾『自民党――「一強」の実像』中公新書、2017 年
　第 3 章で安倍政権下での政策決定過程が紹介されている。安倍は官邸主導で物事を進めるよりも、党内融和・官僚との連携を中心に据えていることがわかる。本書全体では、政官関係だけでなく、選挙や支持団体、党内組織や派閥などにも触れられており、現在の自民党の全体像を理解することができる。

信田智人『政治主導 vs. 官僚支配――自民政権、民主政権、政官 20 年闘争の内幕』朝日選書、2013 年
　戦後から民主党政権の終わりまでを通じて、政治家と官僚の関係を読み解いている。そのうち、特に小泉政権と、鳩山、菅、野田の民主党政権についての分析が中心である。官邸主導と官僚の有効活用の 2 つの条件がそろったとき、政治主導の政治が可能になるとする。

待鳥聡史『首相政治の制度分析――現代日本政治の権力基盤形成』千倉書房、2012 年
　2001 年の内閣機能の強化だけでなく、選挙制度改革も加えた近年の制度変革が日本政治に与えた影響を分析している。小泉以降、短命政権が続いたことで、制度変革によって必ずしも首相のリーダーシップが強まってはいないようにみえるが、質的な変化が厳然と起こっていることを指摘している。

第9章 ワークシート

【はじめのワーク】
　日本の政治では、政治家と官僚のどちらが重要な役目を担っていると思うか。理由を含めて書いてみよう。時間があれば、2人組になって、ワークシートに書いたことを紹介しあってみよう。

　　　　　　　　　　　　理由：＿＿＿＿＿＿＿＿＿＿＿＿＿＿＿＿＿＿＿＿＿＿＿＿

【まとめのワーク】
　【メインのワーク】を行った感想を踏まえ、政治家と官僚の望ましい関係についてまとめてみよう。

基礎ゼミ　政治学

第10章

どこまでが地方の領分か？
——地方自治と分権改革

松尾秀哉

イントロダクション

　「ふるさと納税」を知っているだろうか。都会に暮らす人たちが、その故郷に税金を治めても良いという制度である。総務省は「寄附」と同じとしている。ただし「故郷」は、人によって、生まれたところであったり、また育ったところだったりとそれぞれだろうから、制度上どの地方自治体に納税しても良いとされている。

　そこで各自治体は納税してもらおうとさまざまな返礼品を用意する。高級な牛肉や海産物、果物の場合もある。それが豪華で話題になった。2017年度は全国で3653億円もの寄附が集まった。少しずつ自治体の間に競争が生じて返礼品の額はエスカレートし、逆に他の住民サービスへ回すお金がなくなるとして、国（総務省）は返礼品の金額に上限を設けるよう地方自治体に通知を出した（2018年末時点では、法的拘束力はない）。

　その是非は別として、ここで大切な点は、各自治体の自主的な政策（返礼品）決定に対して国が歯止めをかけようとした点だ。日本が憲法上「地方自治」を定めて久しいが、政策の決定権や歳入の取り分をどの程度地方自治体の自主性に委ねていくかは、今なお政治的な課題だということだ。地方分権改革は1990年代から何度も話題になってきたが、何をどこまで地方に任せるのがいいのだろうか。地方分権すると何が良いのか。逆に問題は何か。今後の少子高齢化社会のなかで、どういう国のかたちがいいだろうか。

Ⅲ　制度と政治

1 地方自治とは何か

> **はじめのワーク**
>
> 「地方自治」とは何を指すのだろうか。都道府県庁やより身近な市区町村役所（役場）とかかわった経験、ニュースで見聞したことをもとに、地方自治体の業務や管理している施設や場所を具体的に5つ挙げてみよう。

　地方自治体にはどのような仕事やかかわりがあっただろうか。大学へ入る際に引っ越した人は住民票登録をしたかもしれない。海外旅行に必要なパスポートを取るためには戸籍抄本や謄本が必要だ。スポーツをする際の体育館や、ゼミ合宿をするための施設を借りる申込のために行くかもしれない。結婚するときは婚姻届を提出する。家族が子育て支援や介護サービスを受ける場合には、市役所などに申込窓口がある場合が多い。そもそも私立以外の小中学校を運営しているのは多くの場合、都道府県や市町村だ。ふだん使う道路も、多くの場合、地方自治体が管理している。

　逆にこうしたふだんの生活のなかで、国（総務省や経済産業省、外務省など）に出向くことはまずない。私たちの日常生活において「政治」や「行政」にかかわるとき、区役所や市役所のような「地方自治体」の方が圧倒的に「窓口」になりやすい。つまり、より身近な政治や行政の窓口であるからこそ「地方自治は最良の民主主義の学校」だといわれつづけるのだ。

　わが国でも日本国憲法では、第92条で「地方公共団体の組織及び運営に関する事項は、地方自治の本旨に基いて、法律でこれを定める」とした。明治憲法には地方自治に関する規定がなかった。つまり憲法上地方自治を保障することは民主国家の出発点でもある。まずは「地方自治」の意味を考えよう。

　「地方自治」とは何か。憲法の「地方自治の本旨」とは、一般的に「住民自治」と「団体自治」の実現にあるといわれている。「住民自治」とは、一定の地域社会における住民みずからの意思に基づいて「自己統治」を行うことを指す。自己統治とは、住民の直接投票によって首長（知事や市町村長）と議会を選

出し、その議会が条例などを定め、これを通じて住民の意思に基づいた、住民のための政治を行うことを指す（日本国憲法第93条）。具体的には、私たちが投票して意思を示す議会選挙や、首長に対するリコールなどがそうだ。

　憲法第95条によれば、国（国会）は、ある地方公共団体に適用される法律を決めようとするときには、地域の住民投票で過半数の同意が必要だとしている。つまり国は住民自治を無視できないのだ。

　次に日本国憲法第94条は「地方公共団体は、その財産を管理し、事務を処理し、及び行政を執行する権能を有し、法律の範囲内で条例を制定することができる」と規定している。つまり「団体自治」とは、地方自治体が、1つの組織として国から自律していることを意味する。より具体的には、議会が条例を制定できる権利が保障されていることなどをいう。実は先の「住民自治」は、「団体自治」が保障されなくては、せっかく住民で決めたことでも容易に国が取り消せることになってしまう。その点で「住民自治」を守るためにも「団体自治」が必要になるのだ（神崎 2004）。

2 中央と地方の関係の歴史的変遷

　わが国では、第二次世界大戦後、国と地方の関係をどう定めていくかが問題となった。たとえば、1949年にアメリカのコロンビア大学シャウプ博士らの使節団が提言した「シャウプ勧告」はわが国の税制に大きな影響を及ぼしたが、ここには地方自治の強化も述べられていた。

　しかし日本ではもともと、地方自治体は中央政府の「出先機関」とされていた。中央集権的な国家だったのである。それをいきなり「地方自治だ」といわれ、都道府県知事などを公選化して「自治を行え」といわれても自治体の側も困る。結局、日本の実情にあわないとする中央官庁の反発にあい、事務作業の配分が進まず、国が都道府県知事や市町村長を国の機関とみなし、国が行うべき事務を委任して行わせる「機関委任事務」という戦前以来の方式が残存した。「地方自治」が憲法上導入された点で戦後と戦前は大きく違う。しかしその運用は実質的に変わらなかったのだ（真下 2004）。

　その後1999年に成立した地方分権一括法により、国と地方の関係は大きく

変化した。地方自治体の自主性が重視され、関係の見直しがはかられた。特に**機関委任事務**は、都道府県では事務仕事の約8割、市町村の場合、約4割を占めていたが、これでは地方は国の言いなりになるのと変わらないし、何か問題が起きたときの責任の所在が曖昧だ。そこでこの改革では機関委任事務が廃止され、本来の自治業務である「自治事務」と、新しい「法定受託事務」に整理され、従来の機関委任事務の6割程度が自治事務に変更された（福沢 2004）。

これによって自治体は主体的に条例を制定できるようになったし、国の関与は制限され、住民によるチェックの範囲も広がった。2001年に成立した小泉政権下では、国庫補助負担金改革、税源移譲、地方公付税の見直しの3つを一体として行う**三位一体改革**が進むことになった。では、分権化が進むことの弊害はないのだろうか。

大きな問題は財源だ。地方分権が進むに際して、自治体は権限を得てもそれを実行する財源を得なくては、実施できることが限られる。もともと日本の地方財政は「三割自治」といわれていた。自治体の歳入のうち、税収は3割程度で、多くを中央に負っていたことを示す言葉だ。地方分権一括法の成立を契機に地方財政を強化するために、自治体による法定外税の創設が認められ、三重県の産業廃棄物税、東京都杉並区のレジ袋税、河口湖の遊漁税などが注目されたが、公正性や住民の負担感が問題となった。

その後、寄附として導入されたのが冒頭の「ふるさと納税」である。これは古くから議論されてきた制度で、関心のある人はその経緯を是非調べてほしいが、現在の制度がわが国で導入されたのは2008年である。地域の自主・自立を高める制度として注目されたが、地域間格差を助長する「租税競争」と考える人たちもあり、中央と地方の関係として議論されている。次節では、こうした財源の問題も念頭に、他国の例も踏まえて地方自治の問題について考えよう。

> **メインのワーク（GD）**
>
> まず、3、4人のグループを作り、司会と書記を決める。司会は議論を進め、意見をまとめる役割、書記は議論をメモし、整理する役割である（司会と書記も議論に参加する）。
>
> 日本の都道府県の間の格差是正のために、何が必要だろうか。任意の都道府県を選び、議論してみよう。巻末に示されている 2015 年度の都道府県別の所得や財務の状況も参考にしよう。
>
> ⇨ **GDの進め方**（p.10）、**資料10**（巻末）**参照**

3 地方分権化は正しい？

単一制と連邦制　前節でみたように、地方自治においては「中央と地方の関係」が重要な論点であるが、世界に目を向けると、中央と地方の関係は国によってさまざまである。ここでは岩崎美紀子の類型を簡単に紹介しよう。登場するのは市民、地方政府、中央政府である（図10 - 1）。

これによれば、政治制度は大きく単一制と**連邦制**に分けられる。さらに前者は出先型と単一型に、後者は連邦型と連合型にわかれる。戦前の日本を例とす

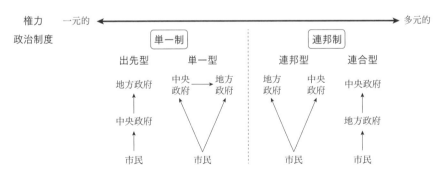

図10-1　中央地方関係の4つのモデル
（久米・川出・古城・田中・真渕（2011：254）、岩崎（2005：102）を元に筆者作成）

る出先型では、権力は中央政府に一元化しており、地方は国の地方行政区域と定義され、中央政府が任命する行政官が統括する。現在の日本を含む単一型では、地方には、中央と同様に市民から選出される議会があるが、同時に出先型と同じように、地方政府は中央政府の出先という一面も有する。

　連邦制のうち、連合型では、まず地方政府ありきで、それらが特定の目的（税収の増加や安全保障の強化）を達成するために集まって「共通機関」を作り出すもので、歴史的にスイスの誓約同盟、アメリカ独立時の大陸会議はこれにあたるとされる。また議論はあるが、岩崎はヨーロッパ連合（EU）を例として挙げている。

　それに対して、共通機関としての中央政府と市民との間に直接的な関係があるのが連邦型である。「直接的な関係がある」とは、中央政府が地方政府を介することなく拘束力のある法を市民に執行できること、市民が中央の立法議会に参加（投票）できること、を意味する。W. キムリッカによれば、地方政府が特定分野の政策について、国（中央）から自律した「主権」を有していることが重要である（Kymlicka 1998）。換言すれば、中央と地方は憲法上の地位は同一なのだ。

　もし地方自治が「民主主義の学校」として望ましいなら、地方や地域が主権を有し国の関与なく政策を決定できる連邦制の方が、優れて民主的な制度であるはずだ。かつて W. H. ライカーが連邦制を「ひとつの政府のもとで広大な領域を統合する手法として……有効な選択肢の一つである」といったのもわかる（Riker 1964）。

　それでも日本を含め、現代の国家がすべて連邦制というわけではないし、かつて連邦制であった国家のうち、1980 年以降にヨーロッパの 3 つ（チェコスロヴァキア、ユーゴスラヴィア、ソ連）の連邦制の国家が消滅した。特にユーゴスラヴィアの解体に際しては何度も内戦が生じて数多くの犠牲者が出た（近藤・松尾・溝口・柳原 2016）。そこで以下では、連邦制が抱える問題を考えてみよう。

連邦制国家が抱える悩み　連邦制国家の多くが長期的な格差に苛まれている。さらに、連邦構成体（アメリカなどは州）がある程度のことを自分で決定できる権限（主権）がある。だから、それぞれが「言いたい

こと」を言いあえる。必ずしも連邦（中央）の言いなりにならなくてもいい。

　大切なことは、それぞれの構成体（地方）に「主権」をもたせた連邦制国家では、経済の格差などを争点にして分離主義などが台頭しやすいということだ。たとえば旧ユーゴスラヴィアのような多民族連邦国家の場合、意見の相違が民族対立に変わっていったのだ。

　また、そこまで悲しいものではないが、考えさせられる例を挙げておこう。1993 年に連邦制を導入したベルギーは、3 つの「地域」からなる連邦国家となった。これはベルギーが多言語・多民族国家であることが影響している。その後、騒音・環境問題の対策は、連邦政府（国）の管轄から地域政府に移された。つまり騒音問題には 3 つの「地域」という「主権」者がいることになった。

　連邦制導入当時、世界最大規模の輸送会社 DHL がベルギーにヨーロッパの拠点をもち、首都ブリュッセル郊外に位置する空港から夜間便で配達を行っていた。しかし、2004 年にベルギーでは空港の周辺住民のために、夜間の騒音を規制する法を制定しようと議論した。このとき、飛行機の騒音は航路次第でベルギー全土に影響するから、3 つの地域からそれぞれ異なる基準値が提示された。だが、基準値を統一しないのは非現実的である。どの基準値に統一すべきか、議論は堂々めぐりで、結局答えの出ないまま怒った DHL は拠点をドイツに移転することにした。数千人の職と数百万ユーロの税金をベルギーは失った。この問題は 10 年以上を経た今も決着をみていない（松尾 2015）。

4　日本の地方自治の課題

　代議制（間接）民主主義を採用する日本では、議会や首長と住民の意見の齟齬が生じたときに、住民が直接政治に参加する機会が設けられている。それが条例の制定・改廃請求（イニシアティヴ）、事務監査の請求、議会の解散請求、議員・議長・主要公務員の解職請求（リコール）、そして住民投票（レファレンダム）である。これは先の地方自治の本旨の柱である「住民自治」の仕組みとして考えられている。

　しかし、わが国では、近年、地方選挙で圧倒的に支持された首長が、その人気を後ろ盾に住民投票を用いて抜本的な改革を進めようとすることが生じてい

る。こうした政治家の主張は、得てして従来の政治の悪弊を一気に解決しようとするもので無視できないものも多いが、これらの政治家は住民投票を利用して、つまり議会を無視して改革を進めているともいえる（待鳥 2015）。

　多くの場合、こうした風潮は、国政において頻繁に政権交代が生じるなど伝統的な政党に対する不信感が高まったことを背景に、有権者が直接選挙制の首長に「強いリーダー」を求めていることの顕れといえる。しかし代議制民主主義の中核である議会を否定して、熟慮なく一気に政治を決定していいのだろうか。他方で、沖縄で行われた住民投票の結果（投票率は50％を超え、その7割以上が宜野湾市普天間にあるアメリカ軍の飛行場を名護市辺野古へ移設することに「反対」したという）を中央政府がまったく尊重しないとしたら、その政治を民主主義と呼べるだろうか。今問われているのは、選ぶ側、私たちの質だ。言い換えれば、民主主義の質が問われているのだ。

　少子高齢化が進み人口が減少していけば、地域によっては過疎化が進み、行政サービスは財政的にいっそう困難になる。そうなれば地域間格差もいっそう拡大し、「地方対中央」、「地方対地方」などさまざまな亀裂が政治的課題になってくる。私たちには時代に応じた最善の地方自治をめざして議論しつづける心構えが必要だ。

まとめのワーク

　ここまで読んだこと、考えたことをもとに地方分権を進めることの利点と気をつけなければならないことをまとめてみよう。

キーワード

地方自治体

　法令のうえでは「地方公共団体」と記されるが、一般的にはこう呼ばれる。他に中央政府と対等な関係を強調して「地方政府」と呼ばれることもあり、呼び方は多様だ。地方自治法によれば、通常の都道府県、市町村を指す「普通地方公共団体」と、東京23区のような特別区などを分けている。都道府県は広域的自治体、市町村は基礎的自治体と一般的に区別される。

三位一体改革

　少子高齢化の進展を背景に、「地方にできることは地方に」という理念のもと、国の関与を縮小し、地方の権限・責任を拡大して、地方分権をいっそう推進することをめざし、国庫補助負担金改革、税源移譲、地方交付税の見直しの3つを一体として行った、小泉政権における改革をいう。その影響もあり、財政的に厳しい小さな自治体は合併を進めて、「平成の大合併」と呼ばれた。

連邦制

　W. キムリッカは、地方政府が一定のイシューについて中央政府から自律した主権を有する政治システムだと定義しているが、「この権限が地方に移譲されていれば連邦制である」といえるような客観的な定義はない。連邦構成体が憲法上（一部の政策領域で）排他的な権限を有していることに加えて、憲法上「連邦制だ」と宣言され、国名に「連邦」「連合」「合衆国」などが付されていることによって判断することが多い。ただし、たとえば、連邦を国名に付していないスペイン王国を連邦制と呼ぶかどうかなど、あくまで見る人の判断に委ねられているのが実情である。

ブックガイド

待鳥聡史『代議制民主主義――「民意」と「政治家」を問い直す』中公新書、2015年
　近年のわが国の地方議会の問題や、議会に批判的な首長による、従来とは異なる決定方法を取り上げつつ、より広い文脈で代議制民主主義のあり方や課題、その可能性を提起している。

西尾勝『地方分権改革』東京大学出版会、2007年
　1995年以降の分権化改革にかかわってきた著者の回想録であり、わが国の行政史を知ることができる一冊。学術的な分析からこの経緯を見直しているためやや難解な部分はあるが、価値のある一冊。

松尾秀哉・近藤康史・溝口修平・柳原克行編『連邦制の逆説？――効果的な統治制度か』ナカニシヤ出版、2016年
　各国の連邦制の課題を論じた論文集。特に多民族国家における連邦制の意義を考察するものが多い。理論編はやや難解だが、関心のある国や地域に限って読むのもよい。

第10章　ワークシート

【はじめのワーク】

　「地方自治」とは何を指すのだろうか。都道府県庁やより身近な市区町村役所（役場）とかかわった経験、ニュースで見聞したことをもとに、地方自治体の業務や管理している施設や場所を具体的に5つ挙げてみよう。

-
-
-
-
-

【まとめのワーク】

　ここまで読んだこと、考えたことをもとに地方分権を進めることの利点と気をつけなければならないことをまとめてみよう。

利点：

気をつけるべき点：

第IV部

世界と政治

基礎ゼミ　政治学

第11章

現代世界はどのようなものか？
―― 現代国際政治史

黒田友哉

イントロダクション

　現在の国際政治はどのようなものであろうか。ニュースや本などで目にする大きな出来事にはどのようなものがあるだろうか。ここでは重要な動きの1つであるテロの世界的な横行に注目してみよう。

　2015年以降、世界ではテロが頻発している。中東、西アジア、東南アジア、アフリカ、欧州（フランス、ベルギー、スペイン、ドイツ、イギリス）などでたびたびテロが起こり、多くの犠牲者を生んでいるのである。では、そもそもテロとはなにか。テロはさかのぼれば、その語源となった18世紀末のフランス革命期の恐怖政治にみられる。テロとは「見せる暴力」である。ニュースにならなければ意味はなく、観客がいてはじめて成り立つのである。

　このような世界的な流れの開始は、2001年9月11日にアメリカで発生した同時多発テロである。このテロは、オサマ・ビンラディン率いるイスラム過激派勢力のアルカーイダによって実行されたとされる。この同時多発テロ以後、イスラム過激派勢力がその中心的な担い手となっていったことを考えると、9.11同時多発テロの意味は大きい。

　これに対し、当時のジョージ・W・ブッシュ大統領が宣言をすることにより、世界では「テロとの戦い」が続いていくことになる。その結果、アフガニスタンでアルカーイダをかくまっていたタリバンとの戦争や、介入をめぐって世界の立場が二分されたイラク戦争が引きつづいていった。またこれらの戦争に呼応するように、イスラム過激派勢力がその後のテロの中心的な担い手になっていった。

　実は、この同時多発テロには冷戦期の出来事がかかわっている。1980年代のアフガニスタン内戦に対して、ビンラディンを支えたのは、アメリカの武器とサウジアラビアの資金だった。本章では、最初に現代の起点と考えられる冷戦について理解したうえで、現代世界の特徴を学んでいこう。

1 現代国際政治と冷戦

第二次世界大戦後の国際秩序　国際政治における現代とはいつからなのだろうか。歴史上はじめて世界大での総力戦となった第一次世界大戦以降という答えもある。一方で、アメリカとソ連という二つの超大国を登場させ、二極（第2節で説明）という国際的な構造を生み出した大きな転換点は第二次世界大戦であるといえる（田中 2003）。最近の研究では、さまざまな人々や国々に痕跡を残している第二次世界大戦を現代世界の起点とみなすことが多い（Boniface 2017）。

通常、第二次世界大戦後の時期は、冷戦と冷戦後、という二つの時期にわけられる。冷戦は1940年代後半にはじまり、約40年でその時代を終え、その後は積極的な概念規定のない「冷戦後」と呼ばれる時代が続いている（田中 2003）。冷戦後は、冷戦期の遺産を引き継ぎながらも多くの点で冷戦期とは異なる。そこで、本節ではまず、冷戦とは何かを説明しよう。

第二次世界大戦直後に顕在化したのが、アメリカとソ連を二極とする東西冷戦であった。極とは、力の分布を示す言葉であり、世界に影響力をもつ存在である。ここで述べる「力」とは軍事力、経済力だけでなく、外国の人々や外国政府をひきつける魅力も含んでいる。

その二極体制は両大戦を経た現代の国際秩序といえるものであった。第二次世界大戦の結果、それまでの大国、日本・ドイツ・イタリアは敗れ、戦勝国であったもののイギリスやフランスも疲弊したため、米ソ二極の体制が登場したのである。第三世界という東西陣営に含まれない途上国からなるグループも存在したが、それをのぞけば、冷戦は世界をほぼ二つに分断した。そしてそれが約40年間続くことになった。

冷戦の特徴　冷戦の第一の特徴は分断である。北朝鮮と韓国、中国の共産党政府と台湾というアジアでの分断に加え、オーストリア、スイス、北欧諸国などいくつかの中立諸国を除くヨーロッパもほぼ東西に二分された。そのなかでもドイツを例にとろう。ドイツ全体が東西

に二分されただけでなく、戦前にドイツ帝国の首都であったベルリンにも、1961年に壁が建設され、東西に分断された。東側から西側へのドイツ国民の移動を阻止するためである。分断の結果、家族や親類が離散してしまった例も多くある。

　第二の特徴は、核兵器の存在が国際政治において大きな位置を占めたことである。米英ソ仏中などに核兵器保有国は限定されたが、核兵器の安定した均衡がすぐに生まれたわけではない。実際、1962年には、キューバ危機が起こった。これは、ソ連がアメリカを射程におさめた核ミサイルをキューバに配備しようとしたことからひきおこされた。結局は、アメリカのケネディ大統領とソ連のフルシチョフ第一書記を中心とする米ソ首脳の交渉により、核戦争にはいたらなかった。その後、核戦争の危機を経験したことにより、米ソ首脳間に緊急時の直通電話ホットラインが引かれ、緊張緩和（デタント）に向かっていくのである。

　第三の特徴は、国際貿易の分断である。関税など貿易の障害を削減して自由貿易にしようという動きは、もともと世界恐慌後のブロック経済を背景に第二次世界大戦が勃発したことの反省による。さらに、経済的利益から、アメリカは自身の貿易のつながりが強い諸国と自由貿易体制を築こうとした。その結果が、1947年に成立したGATT（関税と貿易に関する一般協定）である。実は、アメリカが主導したGATTには、ソ連や中国も招待されたが、結局、ソ連も中国（台湾も離脱）も加盟しなかった。東側で参加したのは、チェコスロヴァキアと（革命後の）キューバぐらいであった。GATTでは、数々の交渉が行われ、大幅に関税と非関税障壁（⇒第13章キーワード）が削減されていった。たとえば1947年に40％であった加盟国間の関税は1964年には15％まで下がっていた（Bown & Irwin 2015）。その後、さらに貿易の自由化は進み、西側諸国を中心にして自由貿易に近い体制が築かれていったのである。

　第四の特徴は、国際金融・援助の分断であった。西側では協力体制が模索され、西側諸国を中心として、国際通貨の安定のためにIMF（国際通貨基金）、開発援助のために世界銀行が設立された。この体制は創設の交渉がなされた場所の名をとってブレトンウッズ体制と呼ばれた。一方のソ連はCOMECON（経済相互援助会議）という独自の機関を設立し、西側に対抗した。

はじめのワーク

冷戦に関する具体的な事件や出来事を、調べて書いてみよう。また、それらが第一〜四の特徴のうち、どれにもっとも関連する事件や出来事なのかを考えてみよう。時間があれば、2人組になって、ワークシートに書いたことを紹介しあってみよう。

2　冷戦の定義と終結

イデオロギー対立と「長い平和」

次に、冷戦の定義を確認しておこう。最近の定義によれば、それは「米ソ両超大国を中心とする東西両軍備ブロック間の、戦争には至らない軍事的・政治的緊張」である（佐々木 2011）。この間、まったく戦争が起こらなかったわけではない。たしかに朝鮮戦争やヴェトナム戦争は多くの犠牲者を生んだ「熱戦」であった。しかし、米ソが直接対峙することはなかったのである。その意味で、朝鮮戦争のあった1950年代、ヴェトナム戦争のあった1960年代から1970年代なかばまでも冷戦期に含めるのが普通である。

イギリスのチャーチルは、「バルト海のシュテッテンからアドリア海のトリエステまで」ヨーロッパを東西に分割する鉄のカーテンがあると説明した。冷戦は多くの人に用いられた概念であることもあり多様な定義が存在するが、国際政治学者の田中明彦によれば、冷戦とは、米ソ二極対立と**イデオロギー**対立であった（田中 2003）。イデオロギーとは簡単にいえば、信条・観念体系である。ある階級・集団・組織などがその社会的利害の対立のなかで、みずからの立場を正当化したり、指導思想としたりするために用いることもある。ここでは詳細は省くが、冷戦期に対立したのは、自由民主主義と共産主義である。

このように定義される冷戦であるが、その特徴をもっともよくあらわしているのが、冷戦史家J. L. ギャディスにより提唱された「長い平和」という解釈である。冷戦期は、大戦争が起こらなかったという点で平和とも呼べるのであり、その原因を①勢力圏の尊重、②軍事対決の回避、③核兵器使用の限定、④

勢力圏の配置、⑤リーダーシップの認知にもとめている（ギャディス 2002）。

冷戦終結の理由　では、冷戦はなぜ終結したのだろうか。冷戦終結は1989年に、米ソ指導者間で宣言された。そして、ソ連が崩壊し現実化した。実はこの冷戦終結は国際関係の理論家でさえも予測することはできなかった。そこで、冷戦終結に関して、さまざまな議論が交わされることになった。簡単に整理すると、ソ連の指導者ゴルバチョフの改革、ソ連・東欧諸国の共産主義イデオロギーの衰退、ソ連の経済の失敗の3つが大きな要因としてあげられる（ナイ／ウェルチ 2017）。以下、順にみていこう。

　第一に、ゴルバチョフという個人の要因である。ソ連の指導者ゴルバチョフ書記長は、ソ連を改革するために、表現の自由をさだめたグラスノスチやこれまでの外交を転換する新思考外交を行っていった。ゴルバチョフのような改革派が、ソ連の指導者に選ばれたことは、偶然の要素もある。それまでの指導者、ブレジネフ、アンドロポフ、チェルネンコが相次いで死亡したからである。しかし、ゴルバチョフでなく、彼のライバルであった別の強硬派をソ連の指導部が選んでいたとしたら、劇的には政策変更はなされず、冷戦はもっと長引き、1989年に終結しなかったであろう。その意味で、ゴルバチョフの役割は冷戦の終結において大きいといえる。

　第二に、共産主義イデオロギーの衰退である。1956年のハンガリー革命、1968年のプラハの春、1981年のポーランドでの連帯の蜂起に対するソ連の圧力を背景とした政府の弾圧は、そのイデオロギーを衰退させた。そこに西側から入ってきた、基本的人権を尊重し、表現の自由を保障するような人権規範があわさることで、共産主義独裁への反発が高まっていくのである。実際、市民の共産主義イデオロギーに対する支持は大きく失われていた。たとえば、東ドイツが建設し、ベルリンを東西に分断していたベルリンの壁は、砲撃によるものではなく、市民のハンマーやブルドーザーによって崩壊することになったのである。

　第三に、ソ連経済の失敗である。情報化の波に乗り遅れただけではない。あるソ連の経済学者によれば、1980年代後半時点で、国内産業のうち、世界標準でわずか8％しか競争力があるとみなせるものはなかったという。ソ連はア

メリカとの対立に余裕がなくなっていたのであり、そのために屈服せざるをえなかったのである。これは信頼できる数字に基づいた説得力のある議論であろう。

3 冷戦後の世界で起きたこと

内戦の頻発　冷戦後には何が起こったのか。冷戦のイデオロギー対立が終焉すると、「テロ」「内戦」「**グローバル化**」という3つの特徴があらわれた。すでにテロは説明したので、他の2つを説明する。

第一に、冷戦下では、朝鮮戦争やヴェトナム戦争など、内戦の要素をもちつつも、米ソの代理戦争としての国家間の熱戦が注目を集めることが多かった。一方、冷戦後は国家間の戦争よりも、国内での戦争（内戦）の方が中心となる。2000年代に起こった軍事衝突の95％が内戦だったという（Sheehan 2011：224）。これらは、「新しい戦争」と呼ばれることもある（カルドー 2003）。新しい戦争の一側面は、戦争の方式が新しくなったことである。つまり、よく用いられる対ゲリラ戦は、社会を不安定化させることを目的としたゲリラ戦術を借用しており、それは「恐怖と憎悪」を生み出すことを目的としているのである。旧ユーゴスラヴィアの紛争や、ソマリア、ルワンダの紛争がその例である。

旧ユーゴスラヴィアではユーゴスラヴィア連邦が崩壊しはじめた後の1991年から紛争が始まった。そして、90年代半ばには、分離独立したボスニア＝ヘルツェゴヴィナで、カトリック系のクロアチア人、正教系のセルビア人、イスラム系のボシュニャク人と異なる宗教・民族グループが対立し、軍事紛争となった。3年あまりの紛争の結果、死者が20万人に達したといわれる。またルワンダでは、少数派のツチ族と多数派のフツ族の部族対立となり、約3カ月間のうちに80万人の悲劇的な大虐殺が起こったとされる。

それでは、なぜ内戦が武力紛争の主流になってきているのか。その理由として、経済のグローバル化の結果、紛争に関与できる擬似的な主体（民間軍事会社など）が増えていること、独立が急激すぎて、安全の保障など国家の基本的機能が弱いことがあげられる。

Ⅳ　世界と政治

グローバル化の進展　グローバル化とは、世界規模での相互連結性の、拡大、深化、加速化である（McGrew 2011）。その1つの例として、自由貿易の制度化がある。冷戦下でもうけられたGATTは、ウルグアイ・ラウンドという長期交渉（1986-1994年）を経て、1995年に貿易問題の紛争解決機能が拡張された常設の国際機構WTO（世界貿易機関）へと結実した。それまでは紛争当事者の合意が必要であったが、WTOの紛争解決手続きの下では、1カ国の申請のみで、パネル設置や対抗手続きの決定ができるようになった。実際、紛争案件は、GATTの頃より、WTOが成立した後の方が大幅に増えた（その後の世界貿易の流れについては、第13章参照）。

　このような二つの動きをみれば冷戦後は、冷戦期とは異なることが実感されよう。しかし、もちろん冷戦期からつながる要素もある。それは分断である。ドイツとヨーロッパの分断が克服された一方で、アジアでは南北朝鮮、中国・台湾など、分断されたまま現在に至っている。これは北朝鮮の核ミサイル問題につながっている。

> **メインのワーク（GD）**
>
> 　まず、3、4人のグループを作り、司会と書記を決める。司会は議論を進め、意見をまとめる役割、書記は議論をメモし、整理する役割である（司会と書記も議論に参加する）。
>
> 　「長い平和」と呼ばれた冷戦は、1989年末から1991年にかけて終結した。それ以後の時期が、一般に冷戦後と呼ばれるのは前述のとおりである。冷戦期と冷戦後の世界をより深く理解するために、巻末のヴェトナム戦争とソマリア紛争に関する資料も参照しながら、最初に「冷戦期と冷戦後では何が違っているか」を話しあおう（全員が1回は発言すること）。次に、違いを踏まえ、「どちらの世界の方が良いか」について意見を出しあい、まとめよう。時間があれば、話しあった結果をグループごとに発表する。
>
> ⇨ **GDの進め方**（p.10）、**資料 11-1・2**（巻末）参照

4 冷戦後の時代像

【メインのワーク】では、冷戦後の時代像をつかめただろうか。専門家の間では、**「歴史の終わり」**、「新しい中世」、「文明の衝突」、グローバリゼーション、といった時代像が提起されてきた。もちろんその他の世界像もあるが、最後に本章と関連の深いこれらの時代像に焦点を絞って概観してみよう。

「歴史の終わり」論は、1980年代末に日系アメリカ人のF.フクヤマが唱えた議論である。歴史は、二つのイデオロギーの対話によって、総合がうまれ（ジンテーゼ）、進歩してきたというのがフクヤマの歴史観である。それが、冷戦期に二大イデオロギーの一角をなした共産主義の衰退により、自由主義的民主主義が独占的なイデオロギーとなる可能性を彼は示唆したのである（Fukuyama 1989）。たしかに、「歴史の終わり」論は大きな時代像を示しているように思える。しかし、この見方に対しては反論もある。フクヤマは自由主義的民主主義の勝利を説いたが、その後の流れは、それに逆行するように、アメリカの一極支配に対する中ロの反発、イスラム原理主義勢力によるテロなど、世界に不安の種はくすぶりつづけているのである（中西 2016）。

第二に、「新しい中世」は、田中明彦が提唱したもので、冷戦後、ヨーロッパ中世のようなイデオロギー対立がなく普遍的で、主体が多様な時代が到来しつつある、という見方である。まず、イデオロギーについては、フクヤマと同様で、自由民主主義がひとつの有力なものとなったとする。次に、主体の多様化は、巨大企業や非政府組織の存在が顕著になってきていることである。1995年には、アメリカの自動車メーカーであるゼネラルモーターズがその販売額でタイやデンマークの国内総生産を上回っていた。非政府組織では、グリーンピースは、フランスによる太平洋での核実験に対して、近くのオーストラリアよりも影響力を及ぼしたといわれている。ただし、その新しさは相互依存度が中世に比べ、極度に進んでいるところにある。相互依存とは、国内問題と国際問題の境界が不明確になり、両者が相互に浸透しあい、貿易、金融、資源などで一国の変化がただちに世界へ影響を及ぼすという意味である（田中 2003）。このような独自の視点は慧眼であり、また批判もそれほどされていな

い。今後、冷戦後の世界をみる枠組みとして浸透していくかもしれない。

第三に、「文明の衝突」論は、アメリカの外交評論誌『フォーリン・アフェアーズ』誌上で、1993 年、政治学者 S. P. ハンチントンにより提起されたものである。これは、イデオロギー対立が過去のものとなり、その後、諸文明の対立が中心的問題となるという議論であった。ハンチントンは、世界には、儒教（中国など）、日本、インド、イスラム、西洋、東方正教会、ラテンアメリカといった主要文明があり、これら諸文明間の断層に沿って対立が生じていくという主張を行った（ハンチントン 1998）。この議論は、内戦とテロにどう関連しているだろうか。内戦に関していえば、部族間で起こったルワンダのツチ族とフツ族の内戦の説明は困難である。また、テロに関しては、イスラム過激派のテロは、イスラムと西洋の対立とみなせるものであり、洞察力をもつ視点といえる。この将来予想はさまざまな批判を受けた。とりわけ、本来別であるはずの文化的アイデンティティーと宗教を母体とする文明を結びつけたところに議論の限界があった（中西・石田・田所 2013）。

第四に、グローバル化が今後も進展していくという時代像も根強い。これにより、国家の権威が低下し、役割が減少するといった「国家の退場」という議論もある。ただし、グローバル化に反対するような動きも登場している。この動きの中心には、先進国を中心に、ポピュリズムと呼ばれる大衆に迎合する動きがある。アメリカのトランプ政権の誕生やイギリスの EU 離脱（ブレグジット）では、このポピュリズムが重要な役割を担っているとされる（中西 2016）。

冷戦にかわる冷戦後の時代像は、これまでいくつも提起されてきた。本節で解説した時代像を含め、いくつかのものは多くの支持を集めているものの、まだコンセンサスを形成しているとはいいがたい状況である。そのため、日米の多くの標準的教科書では、「冷戦後」という区分が使われている。冷戦後を把握するためには、冷戦期の出来事、その特徴、その展開と終焉をしっかりと把握したうえで深く考えることが求められているのである。

> **まとめのワーク**
>
> 冷戦後の時代について、授業と【メインのワーク】を通して考えるにいたった自分の意見をワークシートに記入しよう。

キーワード

イデオロギー
　ある階級・集団・組織などがその社会的利害を隠蔽しつつみずからの立場を正当化しようとして形成する信条・観念体系のことをいう。政治、宗教にまたがる広い概念である。

グローバル化
　世界規模での相互連結性の拡大、深化、加速化のことである（McGrew 2011）。変化をあらわす言葉であることもあり、冷戦後ではなく 1980 年代以前の時期まで、歴史的に遡るという見方もある。

「歴史の終わり」
　歴史は、二つのイデオロギーの対話によって、総合がうまれ、進歩してきたという歴史観に基づき、ソ連を中心とするマルクス・レーニン主義の衰退により、自由主義的民主制が唯一のイデオロギーとなる可能性を示した時代像。

ブックガイド

中西寛『国際政治とは何か――地球社会における人間と秩序』中公新書、2003 年
　国際政治を安全保障、政治経済、価値（文化など）の 3 つのレベルにわけて、それらを歴史的経緯も踏まえながら論じた現代の国際政治に関する貴重な書物。著者の古今東西にわたる該博な知識が随所にちりばめられている。

佐々木雄太『国際政治史――世界戦争の時代から 21 世紀へ』名古屋大学出版会、2011 年
　20 世紀の国際政治史を豊富な資料とともに浮かび上がらせる。著者の専門はイギリス外交史であるが、それにとどまらず、米ソ欧州諸国など 20 世紀を動かしたさまざまな主体に目配りが行き届いた、国際政治の歴史たるにふさわしい好著である。

ギャディス、J. L.『ロング・ピース――冷戦史の証言「核・緊張・平和」』五味俊樹他訳、芦書房、2002 年
　冷戦史の当初の研究は、米ソのどちらに責任があるのか、どちらが先にはじめたのか、に焦点を当てていたが、あらたに「長い平和」という冷戦像を提示し、冷戦研究に一石を投じた書物。

第11章　ワークシート

【はじめのワーク】
　冷戦に関する具体的な事件や出来事を、調べて書いてみよう。また、それらが第一〜四の特徴のうち、どれにもっとも関連する事件や出来事なのかを考えてみよう。時間があれば、2人組になって、ワークシートに書いたことを紹介しあってみよう。

事件や出来事　　　　　　　　　　　　　　　　　　　　特徴

_____　　_____

_____　　_____

_____　　_____

_____　　_____

【まとめのワーク】
　冷戦後の時代について、授業と【メインのワーク】を通して考えるにいたった自分の意見をワークシートに記入しよう。

_____

_____

_____

_____

_____

_____

_____

基礎ゼミ　政治学

第12章

戦争はなぜ生じるのか？
──主権国家体制と安全保障

福井英次郎

イントロダクション

　国際政治学は、戦争や貿易、開発、環境など、広範な領域を対象としている。このなかで、国際政治学が最初に対象としたのは戦争の問題だった。むしろ戦争の問題を検討するために、学問としての国際政治学が誕生したといってもよい。実際に、第一次世界大戦の甚大な被害を受け、戦後にアベリストゥイスのウェールズ・ユニバーシティ大学（現在のアベリストゥイス大学）に、世界で初めての国際政治学の講座が設置されたのである（ポーター 2002）。

　そこでこの章では、戦争について考えていこう。戦争の問題を考えるとき、かつては軍事や防衛といった用語を使うことが多かった。しかし第一次世界大戦を機に、より包括的な視点に立つ必要が出てきたため、安全保障（security）という言葉が使われるようになった（中西 2007）。現在では、安全保障は、国家だけでなく人まで対象としており、また軍事だけでなく経済や環境、情報などまで拡大している（赤根谷・落合編 2007）。この章では、特に国家の安全保障に焦点をあてて、考えていこう。

　国家間の戦争はなぜ生じるのだろうか。それぞれの戦争にはそれぞれの背景があるにせよ、なぜこれほどまでに戦争が生じるのだろうか。この問いを手がかりに、まず国際社会の特徴から考えていくことにしよう。

Ⅳ　世界と政治

1 個人・国家・国際システム

> **はじめのワーク**
>
> 　戦争はなぜ生じるのだろうか。その理由を思いつくだけ挙げてみよう。時間があれば、2人組になって、ワークシートに書いたことを紹介しあってみよう。

　【はじめのワーク】では多様な意見が出ただろうが、戦争が生じる原因を整理してみよう。ここでは戦争の原因について考察している K. ウォルツの分類に従って考えてみる。ウォルツは個人・国家・国際システムの3つのレベルに分けて検討した（ウォルツ 2013）。

　戦争の原因を個人に見出すことは、最初に思いついたかもしれない。邪悪で好戦的な指導者が戦争を引き起こしたと考えるのである。たとえば、第二次世界大戦の原因を考えるとき、ドイツのヒトラーの存在は重要なようにみえる。

　しかしヒトラーの例のように、個人の残虐性だけを戦争の原因とすることは難しいのではないだろうか。たとえば、第一次世界大戦の場合、ヒトラーと同等な残虐性をもった指導者をみつけることは難しい。仮に、ヒトラーと同じような指導者がいても、その指導者はいつも戦争をしているわけではない。原因のすべてを個人に帰するのは妥当ではないようだ。

　次に、国家に戦争の原因を見出すことについて考えてみよう。国家の対外行動を集積していくと、戦争にたどり着くということになる。第二次世界大戦のドイツの対外行動を考えたとき、ヒトラーが指示したことに、行政機構が反対したならば、ヒトラーの指示は実行されなかったはずである。このように考えると、国家に焦点をあて、その対外行動の決定過程を調べることで、どのような国家が戦争を選択するのかがわかるということになる。

　しかし国家体制を原因とすることには、以下のような反論があるかもしれない。絶対王政のヨーロッパ各国は数多くの戦争を経験してきた。その理由が王政にあったのだとすると、市民の権利が拡充してきた19世紀以降、戦争はな

くなってもよさそうである。だが国家の体制が変化してきたものの、現在もなお戦争は生じている。どうも国の体制だけでは説明できないようである。

最後に、国際システムで考えてみよう。国際システムとは、端的にいうと、国際社会の構造のことである。国家がどのように変化しても戦争が生じているということは、国際システムに戦争の原因があるのではないかと考えるのである。

ウォルツは、国際システムをもっとも重視している。ウォルツを支持するかは、議論のわかれるところである。ただ、個人を葉、国家を木、国際システムを森と考えるのは妥当かもしれない。葉も木も重要に違いないが、森という全体の特徴を考えなければみえないことがあるからである。

2 主権国家体制

国際社会の特徴　戦争の原因を含むような国際社会の特徴について考えてみよう。現在の国際社会は、主権をもった国家が中心的な役割を担っており、これを**主権国家体制**という。最初に国家から考えてみよう。現在の国家は主権をもっており、主権国家といわれる。主権とは、簡単に述べると、自分の国のことは自分たちで決めることができる権利である。国家が主権をもっている場合、国内政治の眼でみると、自国内を誰からも邪魔されないで統治する権利をもっていることになる。現在の国家はこの権利をもっているので、他国の内政には原則として干渉できない。これを内政不干渉の原則という。

主権国家からなる国際社会では、各国家は自国のことは自国で決め、他国には干渉しない以上、世界全体を統一している政府は存在していないことになる。このように中央政府が存在していないことを**無政府状態（アナーキー）**という。

無政府状態の国際社会で、主権国家は自身で、もっとも重要視する価値観や利益を決めていく。自国だけでなく、他の主権国家も同じように、それぞれ価値観や利益を決める。このときに、主権国家ごとに重要視する価値観や利益は、同一である必要はなく、むしろ異なっていることが多い。またそれぞれの主権国家は、みずから価値観と利益を決めている以上、それらの価値観と利益の間

には優劣はない。

価値観や利益の衝突　それでは、それぞれの価値観や利益が衝突した場合を考えてみよう。たとえば、日本の重視する価値観や利益が、アメリカの重視する価値観や利益と異なっている場合である。日本の価値観や利益は日本にとって重要である。しかしアメリカの価値観や利益に反するかもしれない。もし反していた場合、アメリカは日本に譲り、日本の価値観や利益に沿うように、アメリカの価値観や利益を変更するだろうか。おそらくそうではない。アメリカは、みずからの価値観や利益を求め、日本と激しく衝突してしまうだろう。

　このとき、話しあいを通じた解決は難しい。国際社会は無政府状態であるため、価値観や利益の相違が引き起こす衝突に介入し、強制的に従わせるような世界政府は存在していない。日米両国を上から押さえつけて、衝突を回避させうる存在は、国際社会にはいないのである。このように、現在の国際社会は、主権国家が中心となって形成されているが、その結果として、直接の武力衝突、つまり戦争が国家の選択肢としてありえる状況なのである。

　仮に戦争になり、自国が負けてしまうと、最悪の場合には占領され、主権を失ってしまう。このような状況では、自国が重視してきた価値観や利益は守られなくなってしまう。主権国家は生存し、独立を維持してはじめて、自国が重視している価値観や利益を守ることができるのである。

3 国家の安全保障

　このような状況のなかで、国家はどのように自国を守るのかということを考えていこう。

メインのワーク（RPG）

1．趣旨

　このワークでは、あなたは近代ヨーロッパの一国の指導者となる。参加者のなかで、もっとも領土を多くすることが目標である。

2．準備
① 4〜6人でグループを作る。
② 自分の担当する国をイギリス、フランス、プロイセン、ロシア、オーストリア、スペインから自由に決める。
③ トランプ（もしくはそれに代わるもの）を用意する。トランプの札のなかで、数字の1から6までのカードを1枚ずつ選び出し、裏にして山を作る。

3．内容
① 最初は全員、領土を5つもっている。
② まず3分間交渉する。

　　交渉中、自由に他の国に接触してよい。他の国とチームをつくったり、攻める国を決めたりしてみよう。このときの約束は守っても、守らなくてもよい。

③ 戦いの構図を決める。

　　トランプを引いて、数字の小さな国から行動を開始する。最初の国は、どの国に攻めるかを宣言する。2番目以降の国は、攻める国と攻められる国のどちらに味方するかを宣言していこう。なお最初に宣言された国は、宣言した国と戦うことになる。

④ 勝敗を決める。自国の戦力は、領土の数である。

　　まず、全員でトランプを引く。もし奇数が出たら、その国の戦力は1.5倍になる。次にチーム内で戦力を足す。チームの戦力が多い方が勝ちである。数字が同じ場合は、チームの代表者がトランプを引き、大きい数字が出たチームの勝ちとなる。

⑤ 講和する。勝ったチームの国は、負けたチームの国から領土を得られる。

　　「勝ったチームの国の数＞負けたチームの国の数」の場合、最初に、負けたチームの国は領土を1つずつ失う。勝ったチームの国すべてに領土が行きわたるように、負けたチームの国のいくつかは、さらにもう1つ領土を失う必要がある。負けたチームの国は、トランプを引き、数字の小さな国から順番に、領土をもう1つ失う。

　　「勝ったチームの国の数＝負けたチームの国の数」の場合、負けたチームの国は領土を1つ失い、勝ったチームの国は領土を1つ得る。

> 「勝ったチームの国の数＜負けたチームの国の数」の場合、負けたチームの国は領土を1つ失う。負けたチームの国すべてが領土を失うので、勝ったチームのいくつかは、さらにもう1つの領土を得られる。勝ったチームの国は、トランプを引き、数字の大きな国から順番に、余っている領土をもう1つ得る。
>
> 全員で、自分の領土の数を確認する。これまでの交渉や、現在のチームなどは、白紙に戻す。
> ⑥②にもどって、2回目を開始する。合計で3回繰り返す。3回目の後に、領土の数がもっとも多かった国が勝ちとなる。途中で領土がなくなった場合は、その国はゲーム終了となる。

【メインのワーク】は国家の安全保障について考えるために作成されたテーブルトークRPGという種類のゲームである。偶然性を含んだゲームであるため、勝敗は時の運である。そのためゲームの勝敗自体は必ずしも重要ではない。それよりも、ゲーム中に、自分や他の参加者がどう行動したかや自分がどう感じたかが重要である。ゲームを振り返りながら、国家の安全保障を考えていこう。

あなたは自国を守るために他国と交渉して、チームを組んだだろうか。それとも最後までチームを組まずに単独で戦っていただろうか。もしチームを組んだのならば、なぜ組んだのだろうか。

自国だけで他国と戦う場合と、一部の国とチームを組んでそれ以外の国と戦う場合について、前者を個別防衛、後者を集団防衛という。【メインのワーク】のように同じような強さの国が並存している場合、個別防衛で自国を守ることは難しい。他の国がチームを組んで攻めてくると守れないからである。そのため他国とチームを組んで、自国の安全を維持しようと考えることになる。このように他国や他チームに対抗するために、いずれかの国と組むチームのことを同盟（alliance）という。

集団防衛では、同盟を結んだ国が他国に攻められた場合、自国が攻められたこととしてとらえ、攻めてきた国に反撃することになる。もちろん自国が攻められた場合には、同盟国は同じように攻めてきた国に反撃をすることになる。

攻めた国から見ると、勝てる国を攻めて勝つことはできても、その同盟国から反撃を受けることになるので、簡単には攻撃しづらいことになる。このように、それほど強くない国であっても他の国と同盟を結ぶことで、国の安全を維持できるのである。

　同盟を作るということは、歴史上、数多くみられる方法である。このゲームではヨーロッパの国名が使われているが、実際に近代ヨーロッパでは数多くの同盟が結成され、同盟間の戦争が生じている。たとえば、18世紀には、オーストリアの継承をめぐり、オーストリアとプロイセンが対立した。このときプロイセンにはフランスとスペインが味方をし、オーストリアにはイギリスが味方をした。十数年後に、ふたたびオーストリアとプロイセンは対立する。このときは、プロイセンにはイギリスが味方をし、オーストリアにはフランスとロシアが味方をした。このように、同盟を組む国は状況に応じて柔軟に変更され、一度の戦争でその同盟が解消されることも多い。

4 集団防衛

2つの危険性　ゲームをしながら、同盟を結ぶときには、2つの危険性があることに気がついたのではないだろうか (Snyder 1997)。1つは同盟を結んだ国が他の国と戦争を開始したら、その戦争に巻き込まれる危険性である。自分では「戦争に参加したくない」と思ったとしても、同盟を結んだ国が攻められたため、渋々戦いに参加した人もいただろう。

　第一次世界大戦は、オーストリアとセルビアの対立をきっかけとして起こった。しかし戦争が世界規模に拡大したのは、オーストリアと同盟を結んでいたドイツ、セルビアの背後にいたロシア、ロシアと結んでいたイギリスとフランスが、戦争に巻き込まれていったからであった。

　もう1つは同盟を結んだ国に見捨てられる危険性である。ゲーム中の交渉のときには仲間になってくれるはずだったのに、戦いがはじまると、仲間になってくれなかったこともあっただろう。最後まで裏切られなかったけれども、自分の仲間でいてくれるか、緊張した人もいるだろう。

この2つの危険性を**同盟のジレンマ**といい、これは集団防衛についてまわる問題である。もし個別防衛ができれば、この2つの危険性を考える必要がなくなる。つまり同盟のジレンマを避けるには、個別防衛の方が良いのである。

どちらにつくか

ゲームをしていると、2つの陣営にわかれていて、自分がどちらに参加するか、判断しなければならなかった人もいるだろう。強い方の同盟をA同盟、弱い方の同盟をB同盟としよう。あなたはどちらの側についただろうか。勝ち馬に乗るためにA同盟についただろうか。それともA同盟に対抗するためにB同盟についただろうか。

A同盟の方がB同盟よりも強いのだから、A同盟側につくのは自然かもしれない。A同盟についてB同盟を攻めることをバンドワゴンという（図12-1）。バンドワゴンを選択した場合には、もともと強かった方に味方するのだから、戦争自体には勝つはずである。しかし、「戦争に勝つから、安心だ」というように単純だろうか。考えてみよう。

A同盟のなかに、もっとも強力な国（αとしておこう）が含まれていた場合、今回の戦争でα国はますます強くなってしまう。もしα国以外の国すべてが結集してもα国に勝てなくなってしまうと、α国の勝ちとなり、このゲームは終わりである。現実の国際社会でも、1カ国ですべてを決めてしまえるような強い国が成立してしまうと、その国に従わざるを得ない面がある。もしその強い国が、自分の国に無理難題を言ってきたとしたら、嫌でもそれを受け入れざるを得ないことになる。このように、戦争に勝つだけでなく、その後を考えると、簡単にバンドワゴンを選択できるわけではないのである。

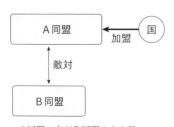

図12-1　集団防衛のバンドワゴン

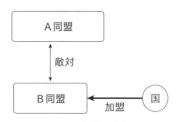

図12-2　集団防衛の勢力均衡

そのため B 同盟に参加して、A 同盟と戦う勢力均衡（バランス・オブ・パワー）という選択肢もありうる（図12-2）。勢力均衡は、1つの強い国ですべてを決めてしまえないようにするために、弱い国が同盟を結んでその強い国に対抗することである。ゲームでも、ある国が強くなりすぎたら、他の国どうしで協力して、対抗しようとしたかもしれない。勢力均衡は歴史上でも見受けられる。たとえば、18世紀末から19世紀初頭にかけてヨーロッパでは、ナポレオン率いるフランスに対抗するために対仏大同盟が何度となく試みられた。フランスはヨーロッパを席巻するが、ヨーロッパを統一することなく、最終的には敗北することになった。

現在の日本では、安全保障に関する議論が活発になっている。安全保障は多くの分野にまたがって議論する必要がある。今後望まれることの1つは、国際社会の特徴、国家の安全保障、集団防衛などの知識を基礎とした国際政治学の観点から、落ち着いて議論を深めていくことである。

まとめのワーク

ゲームをした感想を踏まえ、同盟が抱える危険性をまとめてみよう。また、2人組になって、同盟が抱える危険性について、実際の事例があるかを話しあってみよう。

IV　世界と政治

キーワード

主権国家体制

　主権をもった国家から形成される国際社会のこと。主権国家は各自で重要視する価値観や利益を決め、それらのあいだには優劣は存在しない。主権国家は自己利益の追求のために、戦争という手段も視野に入れる。

無政府状態（アナーキー）

　世界レベルで中央政府が存在していない状態であること。現在の国際社会は、世界を一元的に支配する政府がおらず、各主権国家がそれぞれ自国を統治している状況である。中央政府というと、2019年時点で193カ国の加盟国をもつ国際連合を思い出すかもしれない。たしかに国際連合の影響力そのものは過小評価すべきではない。しかし、国際連合は加盟している国家間の調整が第一であり、主権国家を無条件で強制的に従わせるような存在ではない。

同盟のジレンマ

　同盟が抱える2つの危険性のこと。1つは、同盟を結んだ国が起こした戦争に巻き込まれる危険性であり、もう1つは、同盟を結んだ国から見捨てられる危険性である。

ブックガイド

細谷雄一『国際秩序——18世紀ヨーロッパから21世紀アジアへ』中公新書、2012年

　現在の国際関係史研究を牽引する筆者によって執筆されており、近代から現代までの国際秩序の形成と発展をわかりやすく論じている。現在の国際社会について歴史的に理解できるだけでなく、現在の諸問題の歴史性についても学ぶことができる。

ナイ、J. S. Jr.／ウェルチ、D. A.『国際紛争——理論と歴史（原書第10版）』田中明彦・村田晃嗣訳、有斐閣、2017年

　国際政治学全般にわたり、理論と歴史の両面から丁寧に解説した教科書。主権国家体制や安全保障についても、明晰な説明がなされている。

遠藤誠治・遠藤乾編『安全保障とは何か』岩波書店、2014年

　安全保障を総合的に理解することができる「日本の安全保障」シリーズの第1巻で、重要で基本的な事柄が理解できる。安全保障をより深く学びたい人は、このシリーズのなかで自分が興味をもった本を選ぶとよい。

第12章　ワークシート

【はじめのワーク】

　戦争はなぜ生じるのだろうか。その理由を思いつくだけ挙げてみよう。時間があれば、2人組になって、【ワークシート】に書いたことを紹介しあってみよう。

_____

_____

_____

_____

_____

_____

【まとめのワーク】

　ゲームをした感想を踏まえ、同盟が抱える危険性をまとめてみよう。また、2人組になって、同盟が抱える危険性について、実際の事例があるかを話しあってみよう。

_____

_____

_____

_____

_____

_____

基礎ゼミ　政治学

第13章

なぜ FTA/EPA を進めるのか？
―― 自由貿易の推進と反発

武田　健

> イントロダクション

　世界の人々は貿易を通じて支えあっている。お互いが必要とするものや欲しいものをやりとりしている。日本にいる私たちにとって、まったく貿易をせずに日々の暮らしをおくることは、かなり大変なことになりそうだ。だが、国々は制限なく自由に貿易をしているわけではない。むしろ、国内の重要産業を守るために、輸入に制限をかけている。

　今日では、そのような貿易制限を取り外し、自由貿易を進めようとする動きが世界各地で見受けられる。FTA（自由貿易協定）あるいは EPA（経済連携協定）を結ぼうとする動きである。当初は、それほど大きくない国どうし、あるいは大きな国と小さな国との間で FTA が結ばれていた。しかし近年では、アメリカ、EU、日本、中国といった世界の貿易額の上位を占める国・地域間で FTA を結ぼうとする動きが出てきて、実際に日 EU・EPA は発効に至った。

　このような FTA を締結する動きに関して、いくつかの疑問が生じる。国はなぜ FTA を結ぼうとするのだろうか。逆に、世界各国が FTA を結んでいくなか、自国だけ取り残されると、どうなってしまうのだろうか。交渉を有利に進めることができるのはどういった国だろうか。そして自由貿易協定が発効し、実際に自由貿易が進むと、どういった人たちが恩恵を受け、どのような人たちが犠牲になってしまうのだろうか。本章ではこれらの問題について考えていくことにしよう。

1 戦後の自由貿易の推進と反発

国内産業の保護　貿易を行うにあたって、各国が強く意識するのは、自国の特定産業を守ることである。日本の場合、その典型が農業である。たとえば、海外の安価なコメや肉が無制限に輸入されると、国内産が売れにくくなってしまったり、価格が下がったりして、国内の農家は困ってしまう。

そこで各国は、輸入に制限をかけて国内産業を保護する。代表的な措置は**関税**である。日本はコメの輸入に 1kg につき 341 円の関税をかけ、牛肉には 38.5％の関税をかけている。関税によってそれらの輸入品の市場価格は高くなり、国内産との価格差が縮まるので、国内産業はある程度守られる。

関税以外にも貿易を制限する働きをするものがあり、それらをまとめて**非関税障壁**と呼ぶ。その1つが輸入割当制である。これは輸入できる量を定め、その量を超えて輸入することをできなくする仕組みである。日本は、タラ、サンマ、ニシン、ホタテ、昆布などの水産物の輸入に数量規制をかけている。

国内の法や手続きも非関税障壁となりうる。日本では海外の医薬品を認可するときに、国外の臨床データではなく、国内で得たデータが必要である。自動車の輸入には、安全性、騒音水準、排気システムなどの面で、日本の基準を満たさなければならない（European Commission 2017）。これらの非関税障壁により、簡単には輸入できない仕組みとなっている。

戦後の自由貿易　日本に限らず、世界の国々は国内産業の保護のため、輸入になんらかの制限をかけている。だが第二次大戦後、世界経済の全体的な流れとしては、貿易制限を削減し、市場開放を進める方向へと進んできた。その背景の1つには、第二次世界大戦のときの反省がある。1929年の世界恐慌に直面した主要国は、保護貿易に走り、それが戦争の一因となった。そのため戦後、戦争や国家間対立の抑止という観点からも、自由貿易は理念的に正しいという認識が広がった。

戦後の自由貿易を進める中心的舞台となったのはGATT（関税と貿易に関する

一般協定) である。GATT のもとで、計8度の交渉ラウンドを経て、貿易の自由化が進められた。その GATT は 1995 年に WTO (世界貿易機関) として、より強固な組織に改組された。現在では、加盟国は中国やロシア、さらに途上国にまで広がっている。紛争解決手続きも整備された。違反とおぼしき行為は法的な審査に服することになったため、各国は輸出入の流れを不当に歪める行為をすることが難しくなった。

　自由貿易を擁護、推進する場としての WTO には批判の声もあがっている。この機構は、商品やサービスなどが国境を越えて自由に動き回る**経済のグローバル化**を推し進める象徴的存在として、反発を受けるようにもなったのである。それが大々的に示されたのが、アメリカのシアトルで 1999 年に開催された WTO 会議への大規模な反対運動である。この反対運動によって、グローバル化の進展によって苦しむ人たちがいることに、改めて注目が集まるようになった。

国・地域ごとの自由貿易へ　　だが、いずれにしても昨今の WTO の自由化交渉は停滞している。WTO の加盟国数が 160 を超え、さまざまな利害をもつ国々の間で合意を形成するのが難しくなってきたことが主な理由である。しかしかわって活況を帯びはじめたのが、二国間あるいはそれ以上の数の国々で FTA/EPA を結び、自由貿易を進める動きである。FTA (自由貿易協定) とは、国や地域の間で、商品やサービスの貿易にかけている制限を削減、撤廃することを目的とした協定である。EPA (経済連携協定) とは日本政府がよく使用する用語であり、貿易制限の撤廃のみならず、投資、競争政策、知的財産保護など、幅広い分野での協力や共通ルールの作成をめざした協定のことである。ただし近年では、日本が関与しない FTA も、広範な分野を扱うようになってきており、両者の間に実質的な違いはなくなってきている。

　2019 年 2 月 13 日の段階で、世界で発効している FTA/EPA の数は 293 にのぼる。日本もその流れに乗り (渡邊・外務省経済局 EPA 交渉チーム編 2007；米山 2014)、2019 年 2 月末までの時点で、18 の国・地域と発効済みの協定をもつ。

　2010 年頃より、FTA は新たな局面に入った。アメリカ、EU、日本、中国という、世界の貿易額のトップを占める国・地域の間で、大型 FTA を結ぶ動

きが始まったのである。TPP（環太平洋パートナーシップ協定）、米 EU 間の TTIP（環大西洋貿易投資パートナーシップ）、日 EU・EPA、RCEP（東アジア地域包括的経済連携）などである。実際、アメリカは抜けたものの TPP11 と日 EU・EPA は合意し、発効するに至った。かつてないほどの大規模な自由貿易圏ができる時代の幕開けである。

> **はじめのワーク**
>
> FTA/EPA に参加する理由を思いつくだけ、書いてみよう。時間があれば、周囲の人と話しあってみよう。

2 なぜ FTA/EPA に参加するのか

参加する理由　【はじめのワーク】ではどのような考えが出てきただろうか。もしかすると「参加するメリット」を中心に考えたのではないだろうか。だが、メリットのみならず、「参加せずにいることのデメリット」もあることに気づいただろうか。以下、「参加するメリット」と「参加せずにいるデメリット」という2つの観点から、FTA/EPA に参加する理由を考えてみよう。

FTA に参加するメリットとして第一に思いつくのは、国全体の経済的な利益である。FTA を結ぶと、参加国の間で関税が削減されるため、互いの貿易量の増加が期待される。貿易に携わる企業が収益を伸ばすことができ、消費者も海外の商品がより安く手に入りやすくなる。

第二に、共通のルールを作ることのメリットがある。最近の交渉では、貿易の自由化に加え、投資、外資参入、競争法などに関するルール形成も話しあわれている。共通ルールが作られた場合、自国の企業が他の参加国の市場に進出しやすくなる。国内向けの投資を呼び込みやすくなる。輸入制限の撤廃と共通ルール設定の相乗効果で、自国の市場が活発化し、多くの雇用が生み出されるとの期待も高まる。しかも広域 FTA のなかで共通ルールが形成されると、それは世界で通用するルールに発展する潜在力をもつ。世界ルールとなれば、自

国企業が世界で活動するのに有利な環境ができあがる。

　第三に、国によってはFTAを通じた自国の安全保障の強化という視点も重要となる（大矢根・大西編 2016；Gowa & Mansfield 1993）。安全保障の問題は、FTAの交渉の主眼ではない。しかし、安全保障上の脅威を感じている国は、特定の国との関係をより強固にしたいと考え、その一手段として、その国とFTAを結ぼうとする場合がある。

　これらのメリットが期待通りに得られるかは、実際にそのFTAが発効してみないことにはわからない。だが世界各地で続々とFTAを結ぶ動きが進む状況では、「自国だけFTAに参加せずにいるわけにはいかない」との意識に駆られるようになる。置き去りにされることには、大きなデメリットがあると考えるようになるのである（ウェルチ 2016）。

　次に、FTAに参加しないことのデメリットについてみていこう。その1つ目は、貿易上の損失である。FTAの参加国の間では関税が削減される。非参加国には、高い関税などの障壁が課されたままとなり、その国の企業にとって不利な状況が生まれる。その結果、これまでの輸出先を失ったり、外国からの投資が他国に向かう可能性が生じる。デメリットの2つ目は、共通ルールを形成するFTA交渉に参加できないことである。これにより自国の企業が輸出したり海外に進出したりするときに、不利なルールや条件が作られる可能性がでてくる。

国内団体への配慮　これまでは国を1つのまとまりとみなして、国々がFTAに参加する理由について、参加することで得られるメリットと、参加しない場合に被るデメリットという2つの観点からみてきた。ここで視点を変え、各国の国内状況に注目してみよう。これまでの研究では、政府が一部の国内団体からの要望、圧力を受けてFTA交渉に積極的あるいは消極的になる可能性が指摘されてきた（Keohane & Milner eds. 1996；Moravcsik 1997）。FTAの推進に向けて、強力な利益団体が政府に圧力をかけた場合、政府はその意向を無視できない（第1章参照）。その団体が、選挙面、政治資金面で与党を強く支援している場合、その影響力はさらに増すこととなり、政府はその意向に沿ってFTA推進に向かうであろう。

逆に、FTAに強硬に抵抗する強力な国内団体がいる場合には、政府はFTAに消極的になりがちである。だが、国内で抵抗勢力が優勢であるときでさえも、政府はFTAを結ぼうとするときがある。それは、他の国々が先駆けて次々とFTAを結んでいく状況に直面すると、取り残された国の政治指導者は自分たちもその時流に乗ってFTAを結ばねばならないと考えるようになるからだという。

このように、政治指導者は国内外の状況を考慮しつつ、FTAの参加の是非を決定することになる。そして参加すると決定した場合には、交渉中にどのように行動し、何を要求するのかを検討していくことになる。そこで次に、交渉に注目してみよう。

3 強い交渉力を発揮するのは誰か

実際に交渉が始まった後、どのような特徴を有する国が強い交渉力を発揮するのだろうか（明田 2007）。これまでの研究では複数の交渉力の源が指摘されている。

第一に、経済大国が強い交渉力を発揮できるとする見方がある。経済大国がもつ大市場は、他国にとって魅力的である。自国企業の製品をその大市場で売ることができれば、大きな利益を得ることができるからである。しかし、大国にその市場を開放してもらうためには、小国側はそれに見合うような見返りを大国側に与えなければならない。大国側からすれば、他の国々に自分たちの要求を受け入れるように強く迫ることのできる状況となっている。この場面で、小国側が大国側の要求に応じない場合は何が起こるだろう。大国は小国が求めるほどには市場を開放しないだろう。極端な場合には、小国側の抵抗に嫌気がさした大国が、別の国・地域に軸足を移してそちらとFTA交渉を進めようとするかもしれない。小国の市場は、大国の目にはさほど魅力的に映らない。ゆえに小国は大国の要求に応じて、一定の妥協をしなければならない状況に追い込まれていくのである（Gruber 2000）。

次に、国内にFTAに対して反対する強い勢力がいる国の方が、そうでない国と比較して、強い交渉力を発揮できるという説もある（シェリング 2008；

Putnam 1988)。なぜ、反対派がいる国は、強い交渉力をもつのだろうか。その国はまず、自国の交渉上の要求や立場を明確に国民に示したうえで、交渉に臨む。交渉では他国に対し、議会や業界団体など、国内に強い抵抗を示す勢力がいると伝える。この状況で、もし自国が表明した要求が受け入れられない場合、自分たちは次の選挙で負けてしまうかもしれないと伝える（Milner & Rosendorff 1997）。そして何よりも、その合意は批准されないかもしれないと伝える。協定の発効要件にもよるが、すべての参加国の批准が必要とされているならば、他の国々はその国の要求を受け入れなければならなくなる状況となる。

その他、軍事大国も交渉上、有利となる可能性がある。安全保障の問題は通常、FTA交渉の議題には含まれていない。だが、ある国が自分たちの安全保障を確保するうえで、特定の軍事大国の力と意思に依存している場合、その国には軍事大国の求めに応じた方が良いのではないか、という心理が働く。

このように各国は、自分たちがもつ有利な材料や切り札を使いながら交渉を進めていく。意見対立が激しい場合、各国はさまざまな工夫をこらして最終解決を図ろうとする。一例は、争点間取引である。ある争点では、A国の利益となるように、また別の争点ではB国を利するように合意を取り結ぶのである。他にも段階的に輸入制限措置を撤廃する、輸入が一定量を超えた場合にのみ高関税をかけることを許容する、などのやり方で妥協に持ち込まれることがある。

> **メインのワーク（ディベート）**
>
> まず日本とEUのEPAに関する巻末資料を読もう。そのうえで、このEPAをめぐり、賛成派と反対派にわかれて議論をしよう。
> ⇨ **ディベートの進め方（p.8・9）、資料13-1～3（巻末）参照**

4 国際貿易の今後の行方

自由貿易の犠牲者　【メインのワーク】で考えてもらったように、FTA/EPAには賛否がある。これまではFTAに賛成

し、参加することを前提に考えてきたが、ここではFTAに反対する側、FTAによって犠牲になる側の立場を考えてみよう。現在、FTAが世界各地で次々と結ばれ、国際的な経済競争が激しくなっている。競争を勝ち抜き莫大な利益をあげる企業が出てくる一方、保護の枠が取り外されて、打撃を受ける企業や人々も出てくる。国外から安い輸入品が入ってくることは消費者にとっては嬉しいことだが、その製品の生産者にとっては、自分たちの商品が売れなくなったり、価格が下がったりして、苦しくなってしまう。政府が救済措置を講じることもあるが、それにも限界がある。

加えて、企業が生産体制を再編することで、見捨てられる人々が出てくる。新しくできたFTAによって、企業はより安価な原材料や中間財、労働力を調達できる場所へ、工場などを移転しようとする。企業は利潤を最大化するために、国境を越えて自由に移動していくが、労働者は同じように自由に移動することは難しい。その結果、このような労働者は職を失うことになってしまう。このように、FTAには、苦しみを受ける人たちを生みだす側面があることは否定できない。

保護貿易と自由貿易のせめぎあい

最後に、今後の世界貿易の展望を考えてみよう。2008年のリーマン・ショックに端を発する世界的危機を受けて、自国の産業や雇用を守るために、関税を上げるなどの保護主義的な動きが一部にでてきた。そして2017年には、アメリカでトランプ大統領が誕生し、通商政策の転換が図られた。彼はTPPからの離脱を表明し（もとよりアメリカ議会で承認の見通しは立っていなかったが）、NAFTA（北米自由貿易協定）の見直しにも取り掛かっている。米・EUのTTIP交渉の先行きも不透明となった。しかもトランプ大統領は、アルミニウムと鉄鋼の輸入関税を引き上げた。中国とEUは報復措置を取り、とりわけ米中のやりあいは貿易戦争の様相を呈してきた。

このように自由貿易の流れに逆らうような動きがでてきた一方で、世界各地では依然として、FTA締結に向けた交渉が進められている。2018年7月、日EU間のEPAの署名式が執り行われ、2019年2月に発効した。TPPに関しても、アメリカは離脱したが、他の参加国のみで新たにTPPを復活させる動き

が出てきて、2018年3月、11カ国は合意文書に署名し、2018年12月に発効した。また、アメリカ自身も自由貿易の流れを止めることに躍起となっているわけではなく、日本など他国の市場のさらなる開放を要求し、圧力を強めている。

　今後も自由貿易は、世界経済の原則でありつづけるであろう。それによって恩恵を受ける人たちがいるからである。だが同時に、自由貿易の流れに逆らう動きもまた、なくなることはないだろう。自由貿易の進展によって犠牲になる、取り残される人々、反発する人々もでてくるからである。このようにぶつかりあう二つの動きがある以上、どのように国際貿易を行っていくことが望ましいのか、どのような国際経済秩序が望ましいのか、今後も絶えず問われることになる。

まとめのワーク

　本章を読み、自由貿易を進めることのメリットとデメリットは何か。世界的なメリットとデメリット、国内に視点を絞ったメリット、デメリットを考えてみよう。

> キーワード

関税と非関税障壁

　関税とは輸入品にかかる税金のことをいう。輸入品の市場価格は、その関税や輸送にかかる料金などが上乗せされるため、高くなる。非関税障壁とは、関税以外に輸入を制限する働きを果たすもののことをいう。輸入割当（数量規制）、課徴金、国内の法や慣習、輸入に関する煩雑な手続きなどがこれに含まれる。関税と非関税障壁はともに自国の産業を保護する役割を果たす。

経済のグローバル化

　人、もの、サービス、資本、情報、技術など、経済活動に関係する要素が、国境を越えて活発に動く現象をいう。

FTA/EPA

　FTA（自由貿易協定）とは、国や地域の間で、商品やサービスの貿易にかけられている関税などの制限を削減、撤廃することを目的とした協定である。EPA（経済連携協定）とは日本政府が使う用語であり、貿易制限措置の削減のみならず、投資、競争政策、知的財産保護、公共調達、紛争解決制度など、幅広い分野での協力や共通ルールの作成をめざした協定をいう。

> ブックガイド

大矢根聡・大西裕編『FTA・TPP の政治学――貿易自由化と安全保障・社会保障』有斐閣、2016 年

　政治学の視点から昨今の FTA の分析がなされている。経済的観点にとどまらず、安全保障、社会保障という観点も視野に入れた分析がなされているのが特徴的である。

梶田朗・安田啓編『FTA ガイドブック 2014』JETRO（日本貿易振興機構）、2014 年

　FTA に関する基本的な知識の説明に始まり、日本を含む国々や地域の FTA への昨今の取り組み、そして、貿易、投資、知財、非関税障壁、ビジネス環境など分野ごとの FTA の動向が詳しく述べられている。

渡邊頼純［監修］・外務省経済局 EPA 交渉チーム『解説 FTA・EPA 交渉』日本経済評論社、2007 年

　日本政府の EPA 交渉に携わった外交官が執筆陣を構成しており、実際にどのように交渉が行われているのか、その臨場感が伝わってくる。

第13章 ワークシート

【はじめのワーク】
　FTA/EPA に参加する理由を思いつくだけ、書いてみよう。時間があれば、周囲の人と話しあってみよう。

_____

_____

_____

_____

【まとめのワーク】
　本章を読み、自由貿易を進めることのメリットとデメリットは何か。世界的なメリットとデメリット、国内に視点を絞ったメリット、デメリットを考えてみよう。

世界のメリット：_____

_____

世界のデメリット：_____

_____

国内のメリット：_____

_____

国内のデメリット：_____

_____

基礎ゼミ 政治学

第14章

地球環境を守る政治はいかにして可能か？
――気候変動をめぐる取り組みを事例に

臼井陽一郎

イントロダクション

　気候変動問題について、政治の視点から考えてみたい。問題そのものはいたってシンプルだ。先進国は石炭や石油を大量に消費することで豊かになった。しかしそれは二酸化炭素を大気中に大量に放出することでもあった。これが原因となって地球の平均気温が上昇し、各地で気候変動が観測されるようになる。北極も南極も氷が溶けだし海面が上昇し、サイクロンや集中豪雨が各地を襲い、生態系にも異常が発生した。自分の生まれ育った郷土に住めなくなり、難民となってしまう場合も続出した。影響がおよぶ地理的範囲は地球規模、影響が生じる時間的範囲は現世代を越える。途方もない数の人びとの生活が脅かされる。人を大量に殺すのは戦争だけではない。環境問題も大規模に人を殺害する。解決には何世代にもわたる地球大の取り組みが求められる。超長期の共通利益へ向けて世界各国の行動を方向づけるために必要なものは、いったいなんであろうか。

1 気候変動政治の難しさ

はじめのワーク

　自分の暮らす国がいまだ生まれてもいない他国の人びとのために税金まで使って支援するとしたら、それは許されることだろうか。理由とあわせて考えてみよう。

問題の性格

他国に住む、いまだ生を得ていない将来世代の人びとのための行動、これが気候変動政策だ。親近感など得られようはずもない。政策効果が現れるのは次の世代だ。気候変動政策を進めるには、これまでにない政治のあり方が必要になる。ワークを進めるために、問題の性質と政治対立の構図の2点を考えてみたい。

化石燃料を使用して二酸化炭素を発生させても、大気中に放出された分が自然界に吸収されれば問題はない。吸収できないほど大量になると大気中の二酸化炭素濃度が増加する。濃度が上がれば地球温暖化は過剰に進行する。その温暖化が気候変動を引き起こし、世界中の人びとの生活を破壊する。つまり、地球温暖化は人為を起源とするのである。いったい誰が責任をとるべきだろうか。

求められるのは、温室効果ガスの排出を削減し、すでに生じている自然災害に対処していくことだ。前者は"緩和"、後者は"適応"とよばれる。一見したところ、責任をとるべきは先進国である。気候変動による自然災害は先進国が豊かさと引き替えに引き起こしたものだ。疑問の余地はない。けれども、現在の途上国はやがては先進国になるべく開発を進めている。現在の先進国と同じ発展の道をたどるとすれば、温室効果ガスの大量排出は避けられない。発展を遂げてから排出を抑制しても遅い。いまだ生まれていない将来世代の国民に対して責任を果たすべきは、途上国も同じだ。気候変動の激しさが破壊的になると予想されるのは21世紀後半、いま行動しても効果が出るのは次の世代になってしまう。1世紀にもおよぶ時間単位で考えなければならない。それが気候変動問題だ。途上国も先進国もともに行動が必要になる。

政治対立の構図

では先進国も途上国も公平に負担を分かちあうべきだろうか。二酸化炭素は地球上のどこで排出しようと地球全体に影響をおよぼす。だから誰がどこで削減しても地球全体に効果をもたらす。他国に対策をとらせ自国は何もしないのが合理的にみえてくる。こうした行為者をフリーライダー（⇒第1章キーワード）という。フリーライダーをいかに抑制するか。これが気候変動政治の1つの課題になる。先進国だけ緩和を進め途上国は何もしないとなった場合、途上国は非難されるべきフリーライダーであろうか。途上国からすれば納得はいかない。そもそも先進国の爆発的

な経済成長が現在の気候変動を生みだしたのである。地球温暖化は"人類"が豊かさを手にした代償ではなく、先進国という"一部の人類"の豊かさの代償なのである。気候変動問題における公平性とはいったいなんであろうか。

1つの解答が「**共通だが差異ある責任の原則**」である。1992年地球環境サミットのリオ宣言に盛り込まれた（第7原則）。このサミットでは気候変動枠組条約が調印されている（発効は94年）が、「共通だが差異ある責任の原則」は、この条約の基本原則としても定められた。リオ宣言によると、どの国家も基本的には地球の生態系を健全に保つ共通の責任を有する。そのためグローバル・パートナーシップの精神が求められる。けれども、地球環境の悪化をもたらした責任の度合いは各国で異なる。先進国が地球環境にかけてきた負荷は格段に重い。しかも先進国が利用可能な技術や財源は途上国とは桁違いだ。だからこそ先進国には大きな義務が付与されるべきであると、リオ宣言はいう。能力に応じて負担するのが公平だとする考え方がそこにある。

しかし政治的にみれば、それは先進国と途上国の妥協の産物である。気候変動をめぐる国際政治は先進国と途上国の冷戦だと表現されることもある（Mabey 2015）。武力行使がなくとも国の将来をかけたせめぎあいが展開する。

国際政治のプレイヤー　具体的には、どの国が気候変動をめぐる国際政治の重要なプレイヤーであろうか。二酸化炭素の主な排出国を一瞥しておこう。

表14-1が示すとおり、上位国で総排出量の70％を占める。アメリカ・EU・日本のG7諸国と、中国・インド・ロシアのBRICS諸国だ。これだけだと、地球温暖化問題とは中国とアメリカの問題のようにもみえる。しかし上位国を除いてすべての国をあわせれば、排出量は3割にも及ぶ。しかも多くの国がこの二大国の巨大なマーケットの恩恵に与っている。グローバル化した経済にあって、中国とアメリカの排出量45％は両国だけの責任とはいえない。

表14-1　2014年の二酸化炭素排出量（米環境保護局EPAのサイトなどを元に筆者作成）

世界全体	中国	アメリカ	EU	インド	ロシア	日本
324億トン	30％	15％	9％	7％	5％	4％

実際の国際交渉は複雑だ。地球温暖化対策を話しあう国際会議では各国が単独で交渉するだけでなく、いくつかの国家グループが形成される。状況や局面や争点に応じて、単独交渉かグループ交渉か、戦略が変えられる。もっとも団結力が強いのがEU諸国だ。EUグループが国際的な取り決めの内容を提案し、合意をとりまとめる場面もみられる。EU以外の先進国はアンブレラ・グループとよばれる集団を形成することがある。アメリカや日本、カナダやオーストラリアやニュージーランドがそのメンバーだ。またスイス、韓国、メキシコが環境重視をうたうグループを作っている。

　以上の先進国グループに対して、100を超える途上国が中国と一緒になって、G77と名づけられた交渉グループを形成している。このグループには小島嶼国連合43カ国と、OPECなど石油産出・輸出国グループが含まれていて、両グループが独自に強力に先進国に対して支援や補償や対策を要求している。

二つの政策——緩和と適応

　対立の構図の複雑さは、気候変動政策の性質にも由来する。すでに述べたように、気候変動政策は地球温暖化の緩和と気候変動への適応に分けられるが、それぞれに異質な政治が展開する。緩和の場合、二酸化炭素の排出量をいかに削減していくかが課題になるが、大気中濃度の低下というかたちでその効果が現れるには世代を越える長い時間が必要だ。仮に今年の二酸化炭素排出量を自然界が吸収できる量まで減らせたとしても、二酸化炭素はすでに先行して大量に大気中に放出されている。自然界が吸収できないほど大量に放出された二酸化炭素は長期にわたって大気中を漂いつづける。その過剰分が吸収されるのは次の世代だ。しかも化石燃料の制限は地球上どこで実施しても地球全体に効果をおよぼす。現在の経済活動の制約は将来に生を受ける他国の人びとのためなのである。それゆえ緩和政策は国際的に公平性を担保しがたく、国内的に合意が難しくなる。

　他方で適応政策の場合、政治のあり方は伝統的な開発政策の様相を帯びる。途上国は自然災害に対応する能力を構築しなければならない。渇水・治水対策、洪水への備え、農業の革新、生態系の保全、伝染病対策など、先進国の支援が求められる。しかも先進国そのものがハリケーンや熱波・寒波への対応を迫られる。緊急の対応が必要なのは前述の小島嶼諸国グループだ。地球温暖化によ

る海面水位の上昇はそうした国々の死活問題となる。適応は比較的短期の、可視性の高い政策領域だといえる。政策効果は現世代の個別国家の領域内に現れる。途上国が先進国にいかに気候変動対策のためのマネーを供給させるか、これが国際政治のポイントになる。政治はシンプルに展開する。

2 レジームの発展

　気候変動をめぐる国際的な取り組みは、実際にはどのようなものだろうか。交渉には2つの側面がある。1つは自国が他国に対していかに有利になるかだ。いわばゲームの側面である。しかしすでに説明したとおり、利害計算は複雑だ。フリーライダーになればよいというものでもない。もう1つは各国が対話を通じて相互に学習し共通の価値規範を承認し、それを国内で実現できるかどうかだ。これを内面化とよぶ。

　1つ目の国益最大化ゲームでも、2つ目の価値規範共有プロセスでも、問題となるのは中国とアメリカだ。世界1位、2位の二酸化炭素排出国であって、その量は3位以下を圧倒する。両国がいかに国際的な温暖化緩和政策に取り組み、自国で低炭素経済の実現をめざし、途上国に適応のための資金を提供するようになるかどうか。これが気候変動をめぐる国際政治の課題となる。以上を前提に【メインのワーク】をやってみよう。

メインのワーク（GD）

　アメリカと中国を、地球温暖化の防止（緩和）・気候変動への対策（適応）へ向けた国際的取り組みに積極的に関与させていくには、どのような仕組みが必要だろうか。3、4人でグループを作り、理想的な国際制度のあり方について構想してみよう。　　　　　　　⇨ **GD の進め方**（p.10）参照

　国際的な取り決めにはさまざまなかたちがある。国家どうしが共同声明を出して自発的に協力を進める原初的なものもあれば、国際組織をつくり国家に法的義務を課して共同行動を展開するものもある。この両極の中間段階に注目したのが **レジーム** 論だ。国際協力の域は越えるが国際組織にはいたらない。そう

いう中間的な形態がレジームである。

　一般的な定義としてはS. D.クラズナーによるものが有名だ（Krasner 1982）。レジームとは合意されたひとまとまりの原則・規範・ルール・決定手続きであり、特定の争点領域で国家の期待を収斂させるよう作用する。統一政府が存在しない国際社会にあって、国家は他国がどう行動するか疑心暗鬼になりがちだ。そこで互いに同じ意味で理解できる——つまり自分に都合良く勝手に解釈しないようにする——取り決めを結び、特定の状況で特定の行動を互いに期待できるようにして、不測の事態を避けようとする場合がある。レジームはそうした合理的なふるまいの所産だ。主権国家がなぜ自分の行動を制約してまでも他の主権国家となんらかの取り決めを作り出そうとするのか。ここにこだわり、国家間の期待の収斂を可能にする取り決めのあり方を検討しようとするのが、レジーム論なのである（臼井 2006）。

　ただしその取り決めは、原則などの漠然としたものから決定手続きのような具体的なものまで、実にさまざまだ。各国が公式に承認したものだけでなく、非公式の折衝を通じた了解もレジームの重要な要素になる。また法的拘束力があり制裁も規定されている強い取り決めもあれば（これはハードローとよばれる）、制裁が規定されない努力目標のようなものまで（これはソフトローとよばれる）、実にさまざまなものがレジームを構成する。そうした雑多な取り決めの大量の集積が、たとえば気候変動問題のような特定の争点領域（イシューエリア）に存在するとき、レジームが成立しているとみることができる。

　しかしそのような雑多な取り決めならば、レジームに参加した国家が自分に都合良く解釈してしまわないか。国際組織の域に達する前段階のレジームではここが問題になる。そこで国家が過去の取り決めを無視しないように、すでに採択された取り決めを管理するべく文書に番号を付して整理し、過去の解釈との一貫性を担保し、会合を運営していく事務局が必要になる。気候変動レジームにもそうした目的で事務局が設置され、COP（締約国会議）プロセスとよばれる国家間の長期の継続的な対話と決定の仕組みが実現されている。COPプロセスが創出されることによって、国家間の期待を収斂させる壮大な政治コミュニケーションが持続的に展開するようになる。対立と失敗が繰り返されるが、相互学習を通じて価値規範の共有と内面化が生じる可能性も否定できない。

3 認識共同体

　では、気候変動レジームを形成し発展させる駆動力のようなものはなんであろうか。地球温暖化のような問題の場合、科学の国際共同研究が絶対的に求められる。地球温暖化は、国家を超えて壮大に展開した科学研究の長期にわたる蓄積によって発見された現実だ。関連する専門分野は途方に暮れるほど多様で幅広い。

　しかし政策を立案し、法に具体化し、実施していく政治家は、多くの場合、専門的知見をもちあわせていない。素人の政治家が素人の有権者を説得して票を獲得し、みずからの政治基盤を強くしていかなくてはならない。素人が素人に語りかけながら国際共同行動に取り組んでいくとき、科学の専門的知見はどのようにかかわっていくのだろうか。政治学は科学の専門家の共同体に注目する。それは**認識共同体**（エピステミック・コミュニティ）とよばれ、ときにレジームの形成と発展に力をふるうことが知られている。

　しかし気候変動問題では、地球温暖化が人為を起源とすることを否定する科学者たち——化石燃料の大量消費ではなく地球規模の自然作用だとみる科学者たち——も少数ながら存在する。こうした反主流の専門家に反駁し、人為を起源とすることを立証する国際共同研究を蓄積してきたのが、気候変動に関する政府間パネル（IPCC）である。気候変動の状況認識はいまや完全に IPCC の報告書に立脚している。IPCC はまさに気候変動の認識共同体だということができる。5年ごとに温暖化状況と将来シナリオについて報告書を出してきたが、第4次報告書のときにはノーベル平和賞も受賞している。

4 パリ協定の内容

京都議定書から　パリ協定へ　気候変動レジームは前述の気候変動枠組条約をベースに発展してきた。この条約に定められた目標と原則を具体化していくため1997年に京都議定書が調印された。これにより温室効果ガス削減が法的義務として先進国に割り当てられ（ただし途上国は免除され）、

京都メカニズムとよばれる市場重視の仕組みが確立された。しかし各国がこの国際条約を国内で承認するための批准手続きは遅れに遅れ、2005年にようやく発効にいたる。ただ、2008〜2012年の第1約束期間こそ各国の目標達成へ向けた取り組みがみられたが、2013〜2020年の第2約束期間については各国の足並みは乱れ、EU諸国などの参加に限られ（日本もこの期間には不参加）、京都議定書の取り決めは事実上動かなくなってしまった。

この京都議定書の後継が後述のパリ協定である。ポスト京都の取り決めが京都議定書より進展したのかどうか。議論はわかれるところだ。ただそのパリ協定も、これまでに合意された原則・規範・ルール・決定手続きの集積のうえに成り立っている。質的に別物ではない。前進と後退を繰り返す漸進的な発展過程が気候変動レジームの特徴の1つである。

パリ協定の船出は京都議定書のときと同様、いきなり難局となった。京都議定書を否定したアメリカは今回のパリ協定も否定する。アメリカのトランプ政権は協定発効直後に離脱を宣言する。その主張はこうだ。パリ協定はアメリカ経済を弱体化させ、主権を否定し、中国やインドに対してアメリカを不利な位置に追いやる、と。しかし他方で気候変動レジームに背を向けるアメリカの行動に対抗して、EUは中国とともに積極的な推進を宣言している（なおトランプ政権はパリ協定に戻る動きも見せている点に留意しておきたい）。

気候変動レジームの特徴　　条約などをベースにレジームが形成されると、各国政府が定期的に会合し、議題を共有し、合意内容を次の会合の前提としていく政治プロセスがはじまる。気候変動レジームの場合、毎年11月ごろに開催されるCOPがそのプロセスを担う。議長国が輪番で割り当てられ、科学的技術的な助言に関する補助機関会合（SBSTA）と、実施に関する補助機関会合（SBI）の二つの機関がそのCOPプロセスを支える。たとえば京都議定書は1997年に京都で開催されたCOP3での合意による（COP3京都などと表記される）。そのポスト京都の枠組となるパリ協定はCOP21パリ（2015年）で採択された。

パリ協定とは端的にいって2020年以降の国際的な気候変動対策を定めたもので、196の国・地域が合意している（引用文献にある環境省のサイト参照）。まさにグローバルな行動枠組の誕生である。今世紀後半までに人為起源の温室効果

ガス排出を自然界が吸収できる量にまで削減し、地球の平均気温を産業革命時より2℃以上は上昇させないというこれまでの目標を踏襲、1.5℃以下になるよう最大限努力するという目標も新たに加えられた。京都議定書を引き継ぐ壮大な人類史的プロジェクトが展開している。しかし京都議定書との相違は明確だ。京都議定書は先進国だけが温室効果ガス削減義務を負い、主要排出国のそれぞれの数値義務を定めた。それも各国にとって法的拘束力をもつかたちがとられた。目標を達成できなかった場合、排出削減義務が増やされるという罰則も盛り込まれた。パリ協定は対照的に、すべての締約国に削減義務を課している。削減義務を負う国と負わない国を分けた京都議定書とは明確に異なる。

ただしここでも「共通だが差異ある責任の原則」が貫かれ、途上国がめざすのはどこまでも努力目標にすぎない。しかも先進国が負う義務のあり方が京都議定書とは異なる。各国は自己申告で目標を提示し、基準年もそれぞれが決める。中国は2005年比で2030年までに60〜65％の削減を約束した。EUは1990年比で2030年までに40％、日本は2013年比で2030年までに26％の削減、離脱を表明したアメリカは2005年比で2025年までに26〜28％の削減を申告していた。このように各国で基準年を設け削減目標を提示するという自発性重視の仕組みがパリ協定である。法的義務を課した京都議定書とは異なる。

ただそれでも、次の点には留意すべきだ。温室効果ガス排出削減の測定や記録が厳格に共通に設定され（公的登記簿への記録）、すべての国が当初申告した目標と達成の道筋を5年ごとに見直し、それを公表するという手続きが規定されている。この手続きは全締約国を拘束する。そしてこうした緩和政策にとどまらず、先進国の資金と技術を途上国の適応政策へと回していくことが定められた。緩和にとどまらず適応に積極的な施策を用意しているのが、パリ協定の特色である。適応能力を拡充し、強靱性をさらに強化し、脆弱性を克服する方向へ先進国が途上国を支援していくべきだとする規範が、先進国の歴史的な責任のひとつとして、明確に再確認されているのである。

まとめのワーク

気候変動問題にはどのような特徴がみられるか。その特徴はいかなる政治の問題を引き起こすのか。思いつくだけあげたうえで、その解決のためにどのような価値規範が求められるのか、考えてみよう。

キーワード

共通だが差異ある責任の原則（Principle of Common but Differentiated Responsibilities）
　先進国と発展途上国の役割分担についての原則で、気候変動枠組条約に定められた。すべての締約国が地球温暖化問題に取り組む義務を負うとする一方で、果たすべき役割については各国の発展段階や能力に応じて負担の軽重を分けるべきだとする原則。元は持続可能な発展の原則を打ち出したリオ宣言に盛り込まれていた。

レジーム（Regime）
　国家間の協力が進んでいるが、国際組織の段階には到達していない、比較的ゆるやかな国際協力枠組のこと。各国政府の声明（もしくは口約束）にとどまらず、文書化されたかたちで原則・規範・ルール・決定手続きが定められるが、非公式の取り決めや法的拘束力が認められない合意も含まれる。これにより国家相互の期待の収斂が可能になる。

認識共同体（Epistemic Communities）
　特定の専門的知見を共有した科学者集団。他の学説に対抗して研究を進め真実性を高め、素人の政治家にわかりやすく要約した文書を提供し、知識の力で政治を動かしていく。気候変動に関する政府間パネル（IPCC）など国際環境政治で取り上げられることの多い概念であるが、中央銀行の通貨政策に関してマクロ経済学上の特定の立場に立つ経済学者たちにこの共同体の成立をみる場合もある。

ブックガイド

ワグナー、G.／ワイツマン、M. L.『気候変動クライシス』山形浩生訳、東洋経済新報社、2016年
　経済学者による書物だが、気候変動問題を解決困難にしている一筋縄ではいかない長期性や不可視性に関して、実にわかりやすく説明してくれる。本書を読んでなお気候変動問題に無関心でいることは絶対にできないはずだ。

エッカースレイ、R.『緑の国家――民主主義と主権の再考』松野弘監訳、岩波書店、2010年
　国際政治を地球環境問題の視点から読み解いた一冊。主権も領土も新たな視点でその意味を理解していく必要が圧倒的な説得力で示される。本書で勉強することにより、国際政治のあるべき姿を構想する価値規範について、思考を深めていくことができる。

ドライゼク、J. S.『地球の政治学――環境をめぐる諸言説』丸山正次訳、風行社、2007年
　環境問題をめぐるさまざまな政治対立について、政治主体の基本思考に影響を与える言説という視点から理論的に整理した一冊。宇宙船地球号は沈没するという悲観論から、技術開発による経済成長が解決するという楽観論まで、さまざまに存在する立場の間の対抗関係を通じて、やがて生態系に配慮した近代化の言説が優位になっていった地球環境政治の過程が、見事に分析されている。

第14章 ワークシート

【はじめのワーク】
　自分の暮らす国がいまだ生まれてもいない他国の人びとのために税金まで使って支援するとしたら、それは許されることだろうか。理由とあわせて考えてみよう。

許される　　　許されない

理由：_____

_____

_____

【まとめのワーク】
　気候変動問題にはどのような特徴がみられるか。その特徴はいかなる政治の問題を引き起こすのか。思いつくだけあげたうえで、その解決のためにどのような価値規範が求められるのか、考えてみよう。

特徴：_____

_____

引き起こされる政治の問題：_____

_____

_____

求められる価値規範：_____

_____

_____

_____

引用文献

〈はじめに〉
イーストン, D., 1976『政治体系——政治学の状態への探究』山川雄巳訳, ぺりかん社
初年次教育学会編, 2018『進化する初年次教育』世界思想社
福井英次郎, 2018「ロールプレイングゲームを用いた国際政治学教授法——授業デザイン・実践・課題」『国際交流研究』20：255-279.

〈メインのワークのやり方〉
安藤香織・田所真生子編, 2002『実践！アカデミック・ディベート——批判的思考力を鍛える』ナカニシヤ出版

〈第1章〉
オルソン, M., 1996『集合行為論——公共財と集団理論』依田博・森脇俊雅訳, ミネルヴァ書房
ギャラガー, L., 2017『Airbnb Story——大胆なアイデアを生み, 困難を乗り越え, 超人気サービスをつくる方法』関美和訳, 日経BP社
スンドララジャン, A., 2016『シェアリングエコノミー——Airbnb, Uberに続くユーザー主導の新ビジネスの全貌』門脇弘典訳, 日経BP社
ダール, R.A., 1988『統治するのはだれか——アメリカの一都市における民主主義と権力』河村望・高橋和宏訳, 行人社
辻中豊, 1988『利益集団』東京大学出版会
日本政府観光局, 2019「国籍／月別 訪日外客数」2019年2月9日取得, https://www.jnto.go.jp/jpn/statistics/since2003_visitor_arrivals.pdf

〈第2章〉
市川顕, 2015「ガバナンス研究と政策情報学」中道寿一・朽木量編『政策研究を越える新地平——政策情報学の試み』福村出版
香川敏幸, 1999「政府なき統治と統治なき市場」『公共選択の研究』32：1-5.
加藤寛, 1994『亡国の法則——日本人は本当の情報を知らされていない』PHP研究所
――――, 1997『官僚主導国家の失敗』東洋経済新報社
佐和隆光, 1999『漂流する資本主義——危機の政治経済学』ダイヤモンド社
菅原秀幸, 2008「グローバリゼーションの限界とその方向転換——環境と経済の両立を求めて」『開発論集』81：219-237.
新川達郎, 2004「パートナーシップの失敗——ガバナンス論の展開可能性」『年報行政研究』39：26-47.
古沢広祐, 2003「持続可能な発展——統合的視野とトータルビジョンを求めて」植田和弘・森田恒幸編『環境政策の基礎』岩波書店
横山彰, 2007「公共財としての環境」細田衛士・横山彰編『環境経済学』有斐閣

〈第3章〉
蒲島郁夫, 1988『政治参加』東京大学出版会
蒲島郁夫・竹下俊郎・芹川洋一編, 2010『メディアと政治（改訂版）』有斐閣
キャントリル, H., 2017『火星からの侵略——パニックの心理学的研究』高橋祥友訳, 金剛出版
小林哲郎, 2011「「見たいものだけを見る？」——日本のネットニュース閲覧における選択的接触」清原聖子・前嶋和弘編『インターネットが変える選挙——米韓比較と日本の展望』慶應義塾大学出版会
首相官邸「施政方針／所信表明」2019年2月6日取得, http://www.kantei.go.jp/jp/98_abe/statement2/index.html
砂川浩慶, 2016『安倍官邸とテレビ』集英社新書

〈第4章〉
オルテガ・イ・ガセット, J., 1995『大衆の反逆』神吉敬三訳, ちくま学芸文庫
坂井豊貴, 2015『多数決を疑う——社会的選択理論とは何か』岩波新書
スウィフト, A., 2011『政治哲学への招待——自由や平等のいったい何が問題なのか？』有賀誠・武藤功訳, 風行社
田村哲樹・松元雅和・乙部延剛・山崎望, 2017『ここから始める政治理論』有斐閣
早川誠, 2014『代表制という思想』風行社
水島治郎, 2016『ポピュリズムとは何か——民主主義の敵か, 改革の希望か』中公新書
山崎望・山本圭編, 2015『ポスト代表制の政治学——デモクラシーの危機に抗して』ナカニシヤ出版
吉田徹, 2011『ポピュリズムを考える——民主主義への再入門』NHKブックス
List, C. & Goodin, R. E., 2001, "Epistemic Democracy: Generalizing the Condorcet Jury Theorem," *The Journal of Political Philosophy*, 9 (3): 277-306.

〈第 5 章〉

ガットマン, A. 編, 1996『マルチカルチュラリズム』佐々木毅・辻康夫・向山恭一訳, 岩波書店

ドゥオーキン, R., 2012『原理の問題』森村進・鳥澤円訳, 岩波書店

メンダス, S., 1997『寛容と自由主義の限界』谷本光男・北尾宏之・平石隆敏訳, ナカニシヤ出版

Cohen, A. J., 2004, "What Toleration Is," *Ethics*, 115(1): 68-95.

Kymlicka, W., 1989, "Liberal Individualism and Liberal Neutrality," *Ethics*, 99(4): 883-905.

Murphy, M., 2012, *Multiculturalism: A Critical Introduction*, Routledge.

〈第 6 章〉

市川房枝記念会女性と政治センター出版部, 2015『全地方議会女性議員の現状——女性参政資料集 2015 年版』市川房枝記念会女性と政治センター出版部

衛藤幹子・三浦まり, 2014「なぜクオータが必要なのか——比較研究の知見から」三浦まり・衛藤幹子編『ジェンダー・クオータ——世界の女性議員はなぜ増えたのか』明石書店

大山七穂, 2016「女性議員と男性議員は何が違うのか」三浦まり編『日本の女性議員——どうすれば増えるのか』朝日選書

厚生労働省, 2018「「平成 29 年度雇用均等基本調査」の結果概要」2019 年 2 月 10 日取得, https://www.mhlw.go.jp/toukei/list/dl/71-29r/07.pdf

サンデル, M. J., 2010『これからの「正義」の話をしよう——いまを生き延びるための哲学』鬼澤忍訳, 早川書房

田村哲樹, 2009『政治理論とフェミニズムの間——国家・社会・家族』昭和堂

辻村みよ子, 2011『ポジティヴ・アクション——「法による平等」の技法』岩波新書

中西祐子, 2013「参政権と政治参加における男女格差」千田有紀・中西祐子・青山薫『ジェンダー論をつかむ』有斐閣

三浦まり, 2016「女性が議員になるということ」三浦まり編『日本の女性議員——どうすれば増えるのか』朝日選書

山田真裕, 2007「日本人の政治参加におけるジェンダー・ギャップ」川人貞史・山元一編『政治参画とジェンダー』東北大学出版会

ヤング, I. M., 1996「政治体と集団の差異——普遍的シティズンシップの理念に対する批判」施光恒訳『思想』867:97-128.

労働政策研究・研修機構, 2018『データブック国際労働比較 2018』2019 年 2 月 10 日取得, https://www.jil.go.jp/kokunai/statistics/databook/2018/documents/Databook2018.pdf

ロールズ, J., 2010『正義論（改訂版）』川本隆史・福間聡・神島裕子訳, 紀伊國屋書店

Dworkin, R., 1977, "Why Bakke Has No Case," *The New York Review of Books*, 24(18), 2019 年 2 月 10 日取得, https://www.nybooks.com/articles/1977/11/10/why-bakke-has-no-case/

IPU, 2018a, "Women in National Parliaments, Situation as of 1st December 2018: World Average and Regional Averages," 2019 年 2 月 10 日取得, http://archive.ipu.org/wmn-e/world.htm

———, 2018b, "Women in National Parliaments, Situation as of 1st December 2018: World Classification," 2019 年 2 月 10 日取得, http://archive.ipu.org/wmn-e/classif.htm

Lawless, J. L. & Fox, R. L., 2010, *It Still Takes a Candidate: Why Women Don't Run for Office*, Revised Edition, Cambridge University Press.

Palmieri, S., 2011, "Gender-Sensitive Parliaments: A Global Review of Good Practice," *Reports and Document*, 65, 2019 年 2 月 10 日取得, http://archive.ipu.org/pdf/publications/gsp11-e.pdf

Young, I. M., 2000, *Inclusion and Democracy*, Oxford University Press.

〈第 7 章〉

荒井紀一郎, 2014『参加のメカニズム——民主主義に適応する市民の動態』木鐸社

ダウンズ, A., 1980『民主主義の経済理論』古田精司監訳, 成文堂 (Downs, A., 1957, *An Economic Theory of Democracy*, Harper and Row.)

三村憲弘, 2015『党派性の二重構造』早稲田大学大学院政治学研究科 博士学位論文, URI http://hdl.handle.net/2065/51035

Bendor, J., Diermeier, D., Seagel, D. A. & Ting, M. M., 2011, *A Behavioral Theory of Elections*, Princeton University Press.

Dawes, R. M., 1980, "Social dilemmas," *Annual Review of Psychology*, 31: 169-193.

Fiorina, M. P., 1981, *Retrospective Voting in American Elections*, Yale University Press.

Grofman, B., 1985, "The Neglected Role of the Status Quo in Models of Issue Voting," *The Journal of Politics*, 47(1): 230-237.

Lewis, J. B. & King, G., 1999, "No Evidence on Directional vs. Proximity Voting," *Political Analysis*, 8(1): 21-33.

Marwell, G. & Ames, R. E., 1981, "Economists Free Ride, Does Anyone Else?: Experiments on the Provision of Public Goods, IV," *Journal of Public Economics*, 15(3): 295-310.

Parker-Stephen, E., 2013, "Tides of Disagreement: How Reality Facilitates (and Inhibits) Partisan Public Opinion," *The Journal of Politics*, 75(4): 1077-1088.

Powell, B. G., & Whitten, G. D., 1993, "A Cross-National Analysis of Economic Voting: Taking Account of the Political Context," *American Journal of Political Science*, 37: 391-414.

Rabinowitz, G. & Macdonald, S. E., 1989, "A Directional Theory of Issue Voting," *American Political Science Review*, 83(1): 93-121.

Riker, W. H. & Ordeshook, P. C., 1968, "A Theory of the Calculus of Voting," *American Political Science Review*, 62(1): 25-42.

Tomz, M. & Van Houweling, R. P., 2008, "Candidate Positioning and Voter Choice," *American Political Science Review*, 102(3): 303-318.

〈第8章〉

池田明史，2002「イスラエルの首相公選制——導入の経緯と蹉跌の背景」大石眞・久保文明・佐々木毅・山口二郎編『首相公選を考える——その可能性と問題点』中公新書

今井真士，2017「権威主義体制下の執政制度の選択と変更——「正統性の二元性」と「指導者の二元性」への視点」日本比較政治学会編『日本比較政治学会年報19 競争的権威主義の安定性と不安定性』ミネルヴァ書房

大石眞・久保文明・佐々木毅・山口二郎編，2002『首相公選を考える——その可能性と問題点』中公新書

外務省「国・地域」2019年2月19日取得，https://www.mofa.go.jp/mofaj/area/

鈴木基史・岡田章，2013「国際紛争と協調のゲーム——国際関係論とゲーム理論の融合を目指して」鈴木基史・岡田章編『国際紛争と協調のゲーム』有斐閣

建林正彦・曾我謙悟・待鳥聡史，2008『比較政治制度論』有斐閣

中山幹夫，1997『はじめてのゲーム理論』有斐閣

待鳥聡史，2015『代議制民主主義——「民意」と「政治家」を問い直す』中公新書

リッグズ，F. W., 2000「大統領制と議院内閣制——代表性と正統性に関して」岩崎正洋・工藤裕子・佐川泰弘・サンジャック，B./ラボンス，J. 編『民主主義の国際比較』一藝社

リンス，J., 2003「大統領制民主主義か議院内閣制民主主義か——その差異について」リンス，J./バレンズエラ，A. 編『大統領制民主主義の失敗 理論編——その比較研究』中道寿一訳，南窓社

レイプハルト，A., 2014『民主主義対民主主義——多数決型とコンセンサス型の36カ国比較研究［原著第2版］』粕谷祐子・菊池啓一訳，勁草書房

和田淳一郎，2010「ナッシュ積（ナッシュ社会的厚生関数）に基づいた一票の不平等の研究」『選挙研究』26(2): 131-138.

Horiuchi, Y. & Saito, J., 2003, "Reapportionment and Redistribution: Consequences of Electoral Reform in Japan," *American Journal of Political Science*, 47(4): 669-682.

Needler, M. C., 1996, *Identity, Interest, and Ideology: An Introduction to Politics*, Praeger.

North, D. C. & Weingast, B. R., 1989, "Constitutions and Commitment: The Evolution of Institutions Governing Public Choice in Seventeenth-Century England," *The Journal of Economic History*, 49(4): 803-832.

Shugart, M. S., 2005, "Semi-Presidential Systems: Dual Executive And Mixed Authority Patterns," *French Politics*, 3(3): 323-351.

Snyder, R. & Samuels, D. J., 2004, "Legislative Malapportionment in Latin America: Historical and Comparative Perspectives," Gibson, E. L. ed., *Federalism and Democracy in Latin America*, Johns Hopkins University Press.

〈第9章〉

菅直人，1998『大臣』岩波新書

清水真人，2005『官邸主導——小泉純一郎の革命』日本経済新聞社

竹中治堅，2006『首相支配——日本政治の変貌』中公新書

中北浩爾，2017『自民党——「一強」の実像』中公新書

待鳥聡史，2012『首相政治の制度分析——現代日本政治の権力基盤形成』千倉書房

〈第10章〉

岩崎美紀子，2005『比較政治学』岩波書店

神崎勝一郎，2004「地方自治」堀江湛編『政治学・行政学の基礎知識』一藝社

久米郁男・川出良枝・古城佳子・田中愛治・真渕勝，2011『政治学』有斐閣

近藤康史・松尾秀哉・溝口修平・柳原克行，

2016「連邦制は効果的な統治制度か」松尾秀哉・近藤康史・溝口修平・柳原克行編『連邦制の逆説？──効果的な統治制度か』ナカニシヤ出版
福沢真一，2004「現代日本の地方自治」堀江湛編『政治学・行政学の基礎知識』一藝社
真下英二，2004「戦後の地方制度改革」堀江湛編『政治学・行政学の基礎知識』一藝社
待鳥聡史，2015『代議制民主主義──「民意」と「政治家」を問い直す』中公新書
松尾秀哉，2015『連邦国家ベルギー──繰り返される分裂危機』吉田書店
Kymlicka, W., 1998, "Is Federalism A Viable Alternative to Secession?," Lehning, P. B. ed., *Theories of Secession*, Routledge.
Riker, W. H., 1964, *Federalism: Origin, Operation, Significance*, Little, Brown and Company.

〈第 11 章〉

カルドー，M．，2003『新戦争論──グローバル時代の組織的暴力』山本武彦・渡部正樹訳，岩波書店
ギャディス，J. L．，2002『ロング・ピース──冷戦史の証言「核・緊張・平和」』五味俊樹他訳，芦書房
佐々木雄太，2011『国際政治史──世界戦争の時代から 21 世紀へ』名古屋大学出版会
田中明彦，2015『新しい中世──相互依存深まる世界システム』日本経済新聞社
ナイ，J. S. Jr.／ウェルチ，D. A．，2017『国際紛争──理論と歴史』田中明彦・村田晃嗣訳，有斐閣
中西輝政，2016『日本人として知っておきたい「世界激変」の行方』PHP 研究所
中西寛・石田淳・田所昌幸，2013『国際政治学』有斐閣
ハンチントン，S. P．，1998『文明の衝突』集英社
Boniface, P., 2017, *Les relations internationales de 1945 à nos jours*, Eyrolles.
Bown, C. P. & Irwin, D. A., 2015, "The GATT's Starting Point: Tariff Levels circa 1947," NBER Working Paper.
Fukuyama, F., 1989, "The End of History?," *The National Interest*（Summer1989）
McGrew, A., 2011, "Globalization and Global Politics," Baylis, J., Smith, S. & Owens, P. eds., *The Globalization of World Politics*, Fifth Ed, Oxford University Press.
Sheehan, M., 2011, "The Changing Character of War," Baylis, J., Smith, S. & Owens, P. eds., *The Globalization of World Politics*, Fifth Ed, Oxford University Press.

〈第 12 章〉

赤根谷達雄・落合浩太郎編，2007『新しい安全保障論の視座──人間・環境・経済・情報（増補改訂版）』亜紀書房
ウォルツ，K．，2013『人間・国家・戦争──国際政治の 3 つのイメージ』渡邉昭夫・岡垣知子訳，勁草書房
中西寛，2007「安全保障概念の歴史的再検討」赤根谷達雄・落合浩太郎編『新しい安全保障論の視座──人間・環境・経済・情報（増補改訂版）』亜紀書房
ポーター，B．，2002「デーヴィッド・デーヴィスと平和の強制」中村宏訳，ロング，D．／ウィルソン，P. 編『危機の 20 年と思想家たち──戦間期理想主義の再評価』宮本盛太郎・関静雄訳，ミネルヴァ書房
Snyder, G. H., 1997, *Alliance Politics*, Cornell University Press.

〈第 13 章〉

明田ゆかり，2007「縛られた巨人──GATT／WTO レジームにおける EU のパワーとアイデンティティ」田中俊郎・小久保康之・鶴岡路人編『EU の国際政治──域内政治秩序と対外関係の動態』慶應義塾大学出版会
ウェルチ，D. A．，2016『苦渋の選択──対外政策変更に関する理論』田所昌幸訳，千倉書房
大矢根聡・大西裕編，2016『FTA・TPP の政治学──貿易自由化と安全保障・社会保障』有斐閣
シェリング，T. C．，2008『紛争の戦略──ゲーム理論のエッセンス』河野勝訳，勁草書房
米山洋，2014「日本の FTA の現状」梶田朗・安田啓編『FTA ガイドブック 2014』JETRO
渡邊頼純監修・外務省経済局 EPA 交渉チーム編，2007『解説 FTA・EPA 交渉』日本経済評論社
European Commission, 2017, "The EU-Japan Trade Agreement Explained," DG Trade, 2017 年 8 月 31 日取得，http://ec.europa.eu/trade/policy/in-focus/eu-japan-free-trade-agreement/agreement-explained
Gowa, J. & Mansfield, E. D., 1993, "Power Politics and International Trade," *American Political Science Review*, 87(2): 408-420.
Gruber, L., 2000, *Ruling the World: Power Politics and the Rise of Supranational Institutions*, Princeton University Press.
Keohane, R. O. & Milner, H. V. eds., 1996,

Internationalization and Domestic Politics, Cambridge University Press.

Milner, H. V. & Rosendorff, B. P., 1997, "Democratic Politics and International Trade Negotiations," *Journal of Conflict Resolution*, 41 (1): 117-146.

Moravcsik, A., 1997, "Taking Preferences Seriously: A Liberal Theory of International Politics," *International Organization*, 51(4): 513-553.

Putnam, R. D., 1988, "Diplomacy and Domestic Politics: The Logic of Two-Level Games," *International Organization*, 42(3): 427-460.

〈第14章〉

白井陽一郎，2006「気候変動問題の構成と国際共同行動の展開(1)——気候変動レジーム・国連環境計画・欧州連合」『慶應法学』5：69-128.

パリ協定（環境省のサイト）2019年2月6日取得，http://www.env.go.jp/earth/ondanka/cop/shiryo/10a01tr_jp.pdf

EPA, "Global Greenhouse Gas Emissions Data," 2019年2月6日取得，https://www.epa.gov/ghgemissions/global-greenhouse-gas-emissions-data

Krasner, S. D., 1982, "Structural Causes and Regime Consequences : Regimes as Intervening Variables," *International Organization*, 36 (2): 185-205.

Mabey, N., 2015, "The Geopolitics of the Paris Talks: The Web of Alliances Behind the Climate Deal," *Foreign Affairs*, December 13, 2015.

あとがき

「政治」と聞くと、何を思い浮かべるでしょうか。これは第1章の最初で提示された質問でした。本書を読み終えた後に、改めて問われると、多くのことが思いつくようになったのではないでしょうか。本書を通じて検討してきたように、現在は多くの諸問題が生じており、政治に関する多くの議論がなされています。本書を通じて学んだことを、これから続く日常の政治の中でも思い出し、考えていってほしいと思います。

本書は、学生間で交流するワークを軸とした教科書です。本書では、ワークを通じて内容を理解してほしいだけでなく、そのワークがなぜ実施されるのかにも関心を持ってほしいと考えています。ワークをしている自分を、もう1人の自分が上から見ているような鳥瞰的な視点を持ってほしいのです。そして、各章の中でのワークの位置づけを理解した上で、そのワークが妥当かということまで検討してほしいと思っています。

大学の授業は、知識が与えられるのを待つという受動的な態度だけでは不十分です。親鳥がエサを運んでくるのを、口を開けて待っているひな鳥のようではいけません。このような態度に思い当たる読者もいるかもしれません。もしそうだったら、本書のワークをきっかけに、自分から問題を発見するような能動的な態度を身に着けるように努力してみましょう。

最初は、与えられた知識を理解するので精一杯かもしれません。しかし少しずつ努力を重ねると、獲得した知識や考え方を基礎として、論理的に諸問題を検討していけるようになるはずです。本書のワークの経験が、そのための最初の一歩となるのでしたら、幸いです。

* * *

本書の執筆のきっかけは、四国で開催された学会で、世界思想社の東知史氏

あとがき

と出会ったことでした。東氏には企画段階から最後までお世話になり、感謝申し上げます。また本書の企画に賛同いただき、各章を執筆いただいた12人の研究者の皆様、どうもありがとうございました。

　私はこれまで、高校や大学でワークを用いた授業を実施してきました。受講生の積極的な参加と率直で具体的な感想がなければ、本として結実することはできませんでした。また、河邉さん、鈴木さん、田中さんには、想定読者として、本書の草稿に目を通していただき、読みにくい表現の指摘や、私も驚くような的を射たコメントをいただきました。どうもありがとう。

　ワークを用いた授業は、自分の講義だけでなく、出張授業や講演会としても実施させていただきました。またこのような形式の授業を教育法の観点から検討するため、学会や研究会などで報告させていただきました。これらを通じて、多くのコメントとアドバイスをいただき、どうもありがとうございました。

　本書の基礎となった研究は、公益財団法人科学技術融合振興財団（FOST）の平成28年度補助金助成（調査研究課題「ロールプレイングゲームで学ぶ国際政治学」、研究代表：福井英次郎、共同研究者：岡田陽介）による支援をいただきました。感謝申し上げます。

　　　　旧館の改修工事が終わりつつある三田の図書館にて　福井英次郎

巻末資料

〈第2章〉

資料2-1

▽…一般的に地方自治体の水道局や水道部が運営する事業。河川からの取水に始まり、浄水場などを経て、配水管から蛇口まで水を送り届ける。公衆衛生や生活環境に関わるため、厚生労働省の水道課が管轄している。自治体が水道料金を徴収し、事業を運営する。

▽…水道の普及率はほぼ100％。人口減少に伴い、自治体財政を圧迫している。水道管などの老朽化が進んでいるが、2014年時点の更新率は0.76％にすぎない。政府は全ての更新に100年以上かかるとみている。こうした状況を打破するため、政府は水道の民営化を推進してきた。02年の水道法改正で浄水場など一部業務の委託を解禁。11年のPFI（民間資金を活用した社会資本整備）法改正で経営全体の委託を認めた。

▽…改正を受け、水処理国内大手のメタウォーターは熊本県荒尾市で水道の維持管理を受託。ITを活用し作業時間を3割減らした。三菱商事などが出資する水処理大手の水ing（スイング、東京・港）はダムの取水から家庭までの水量をビッグデータで分析し、最適な処理量を算出してコスト削減するシステムなどを開発中で本格参入に備えている。

水道事業の課題
①人口減に伴う水需要の減少
・2060年には現状より約4割減少
→水道料金収入は将来激減
②水道施設の老朽化
・基幹となる管路の耐震化率は36％
・管路の更新率はわずか0.76％
→自治体の費用負担はますます重く
③職員数の減少
・水道局などの人員削減、団塊世代の退職で、職員数は30年前より約3割減少
→技術者のノウハウ継承など難しく

（「水道事業――人口減少、更新ままならず（きょうのことば）」『日本経済新聞』2016年10月23日朝刊より）

資料2-2

　日本の水道はどこでも、トップランナーである東京都にならって制度設計をしてきました。多くの水源から大量の水を集めてきて一気に流す、大規模集中型です。

　しかし、これからは地域事情に応じて工夫が必要です。将来のまちづくりを見通したうえで、市町村の首長がリーダーシップを発揮する必要があります。

　安全で安い水道を維持するための広域連携などの方策はこれまで、厚生労働省が検討してきました。そこへ安倍政権の成長戦略として民営化方針が滑り込んできました。施設所有権は自治体が持ち、運営権を民間企業に売却するコンセッション方式の導入をめざしていて、今国会には、この方式を促す水道法改正案が提出されています。

＊

　ところが、問題があります。事業受託には主にフランスなどの外国企業が手を挙げていますが、民営化が成り立つのは人口が多い政令指定都市などに限られるでしょう。真に課題を抱える小さな市町村では、解決策になりません。水道事業の認可や最終的な責任は自治体が持つと言いますが、責任とは何か、運営権の売却後も責任を果たせるかは明確ではありません。災害時に、民間企業の社員を設備の補修や点検にどこまで動員できるでしょうか。

　事業運営が不透明になる心配もあります。民営化の優等生と言われてきた英国でも今年に入って、水道事業会社は巨額の利益をほとんどすべて経営陣への報酬や株主への配当に回し、税金を支払っていないと指摘され、再公営化の議論が起きています。

　それでも、日本でいまから民営化を促すのなら、経営を透明化し、水道の私物化を防ぐ方策を併せて考えるべきです。

(橋本淳司（聞き手・吉沢龍彦）「インフラ縮小、広域化も一案」『朝日新聞』2018年6月27日朝刊より抜粋)

〈第10章〉 資料10

	県民所得* (単位：100万円)	人口* (単位：人)	1人当たりの県民所得* (単位：千円)	実質収支** (単位：100万円)
北海道	13,935,514	5,381,733	2,589	4,596
青森県	3,220,986	1,308,265	2,462	2,195
岩手県	3,532,157	1,279,594	2,760	25,416
宮城県	6,970,411	2,333,899	2,987	17,894
秋田県	2,475,450	1,023,119	2,420	4,327
山形県	3,008,692	1,123,891	2,677	4,748
福島県	5,629,997	1,914,039	2,941	7,780
茨城県	8,980,510	2,916,976	3,079	9,264
栃木県	6,872,344	1,974,255	3,481	8,945
群馬県	6,205,652	1,973,115	3,145	4,324
埼玉県	21,633,483	7,266,534	2,977	5,553
千葉県	18,168,065	6,222,666	2,920	5,429
東京都	72,688,710	13,515,271	5,378	114,057
神奈川県	27,254,201	9,126,214	2,986	7,113
新潟県	6,400,738	2,304,264	2,778	6,847
富山県	3,596,584	1,066,328	3,373	1,351
石川県	3,403,380	1,154,008	2,949	775
福井県	2,514,263	786,740	3,196	4,102
山梨県	2,325,256	834,930	2,785	5,651
長野県	6,143,054	2,098,804	2,927	6,947
岐阜県	5,598,504	2,031,903	2,755	6,941
静岡県	12,269,827	3,700,305	3,316	6,142
愛知県	27,518,299	7,483,128	3,677	12,749
三重県	6,457,181	1,815,865	3,556	3,490
滋賀県	4,320,007	1,412,916	3,058	1,110
京都府	7,680,492	2,610,353	2,942	683
大阪府	27,641,352	8,839,469	3,127	9,107
兵庫県	15,234,455	5,534,800	2,752	877
奈良県	3,402,184	1,364,316	2,494	2,973
和歌山県	2,638,067	963,579	2,738	3,657
鳥取県	1,289,726	573,441	2,249	10,266
島根県	1,837,941	694,352	2,647	8,386
岡山県	5,273,475	1,921,525	2,744	1,618
広島県	8,742,802	2,843,990	3,074	2,631
山口県	3,896,488	1,404,729	2,774	4,518
徳島県	2,207,868	755,733	2,921	6,819
香川県	2,855,237	976,263	2,925	7,623
愛媛県	3,511,338	1,385,262	2,535	2,430
高知県	1,843,975	728,276	2,532	2,634
福岡県	13,895,379	5,101,556	2,724	4,121
佐賀県	2,008,377	832,832	2,412	5,631
長崎県	3,288,075	1,377,187	2,388	1,101
熊本県	4,354,199	1,786,170	2,438	13,090
大分県	3,054,492	1,166,338	2,619	2,846
宮崎県	2,555,790	1,104,069	2,315	7,431
鹿児島県	3,929,696	1,648,177	2,384	4,595
沖縄県	3,104,409	1,433,566	2,166	3,675
全国	405,369,082	127,094,745	3,190	384,455

* 内閣府（2018）「平成27年度県民経済計算について」（2019年2月7日取得，https://www.esri.cao.go.jp/jp/sna/data/data_list/kenmin/files/contents/pdf/gaiyou.pdf）より抜粋。
** 総務省（2017）『地方財政の状況　平成29年3月』（2019年2月7日取得，http://www.soumu.go.jp/main_content/000472872.pdf）より抜粋。なお実質収支は、都道府県の財務状況を示し、数字が大きいほど余力があることになる。

〈第11章〉

資料11-1

　1960年代から70年代前半にかけて、米国の陸海空軍がヴェトナムで軍事行動にかかわった。19世紀後半以来、1950年代半ばまで、フランスの植民地であったヴェトナムでは、ホーチミン率いる共産党が独立を目指していた。しかし、東西冷戦という国際環境下、西側の盟主である米国が南ヴェトナムを打ち立て、南北の民族統一を阻んだ。ヴェトナムで譲歩すれば、日本を含めたアジアが次々に共産化していくという「ドミノ理論」に基づいて、米国は介入したのである。ピーク時には、米軍50万人がこの戦いに参加した。「北爆」では、「北」の主要都市に爆撃機で爆弾を雨あられのように降らせた。

　他方、北ヴェトナムでは、防衛ミサイルなどがソ連から支援され、軍用トラックや機関銃が中国や東欧諸国から供与されたが、量は限られていた。北ヴェトナムの指導者、ホーチミンは、この戦いを「植民地からヴェトナム民族を解放する民族解放の戦い」と意味づけ、反戦運動を盛り上げた米国の若者たちを含む国際世論に訴えた。膨大な犠牲者を出した結果、米軍は撤退し、「北」の民族戦線側は国際社会に認定された。

（坪井善明『ヴェトナム新時代』（岩波新書、2008年）pp.23-29より要約）

資料11-2

　1992年末、国連平和維持軍（PKO）としてソマリアに上陸した米軍が25日、15カ月間に及ぶ任務を完了し、撤収する。冷戦後の外交政策の柱として、国連主体による紛争処理機能の強化を挙げたクリントン米政権にとって、ソマリア紛争への介入はその第一歩だった。だが、現実には40人を超える米兵犠牲者を出し、ついには政権中枢の国防長官の辞任にまで発展するなど大きな代償を支払う結果になった。「唯一の超大国」と自覚した米国は、地域紛争の解決が容易ではないことを「実感」したと言えそうだ。

　ソマリアに駐留する米軍はピーク時、2万人をゆうに超えた。深夜の上陸作戦用に訓練された特殊部隊、最新の装甲車、重武装ヘリなど、「平和執行」に任務の性格を変えた「世界最強の軍隊」を投入した。撤収期限である25日以降、わずかに数十人の米兵が残るだけで、首都モガディシオを中心としたソマリア各地に残されるのは、介入前と同じ銃撃戦であり、極度の貧困だけとも言える。

　他方、米国内では、ソマリアの反政府ゲリラが「さらし者」にした米兵の死体が、全米のテレビで映し出された。ショックを受けた議会、国民は「なぜ、ソマリアにかかわる必要があるのか」という怒りの声を上げた。

（春原剛「ソマリア　米軍きょう撤収　15カ月間の任務完了」『日本経済新聞』1994年3月25日朝刊より抜粋）

〈第 13 章〉

資料 13 - 1

　日本と欧州連合（EU）が経済連携協定（EPA）で大枠合意した 6 日、中部企業では歓迎ムードが広がった。トヨタ自動車の高級車ブランド「レクサス」やスポーツ多目的車（SUV）の輸出が増えるとの期待が高い。〔中略〕

　付加価値の高い車で勝負できるようになる――。あるトヨタ系部品メーカーの首脳はこう期待する。日欧の EPA は発効後 7 年で日本から EU 向けの関税を撤廃する内容だ。現在の最高税率は 10% で、レクサスや SUV といった付加価値の高い車ほど関税撤廃の効果が大きくなる。〔中略〕

　トヨタの 17 年 3 月期の国内生産台数は 318 万台で、このうち 172 万台を輸出した。EU など欧州向けはアジアや中近東と並び、北米に次ぐ 2 番手グループの一角を占める。国内生産を守る意味でも重要な市場だ。

　特に国内生産が主体のレクサス。関税という障壁が 1 つなくなる本場欧州で、ベンツや BMW といったドイツ勢に負けないブランド力をつけられるか。欧州向けの輸出を伸ばすカギを握りそうだ。

（横田祐介「トヨタ、レクサス輸出増に期待　日欧 EPA が大枠合意　国内生産 300 万台下支え」『日本経済新聞』2017 年 7 月 7 日朝刊より抜粋）

資料 13 - 2

　日本と欧州連合（EU）の経済連携協定（EPA）交渉が大枠合意に達したことを受け、チーズやワイン、豚肉などの輸入で関税撤廃や低関税枠新設の措置がとられることになり、道内では道産品への影響に懸念が広がった。特に国産の 9 割以上を道内で生産するチーズでは生産者、酪農家とも打撃が及ぶ可能性がある。一方、消費者や販売現場、輸入チーズで菓子を生産する菓子メーカーなどは大筋合意を歓迎している。

　フランス産やイタリア産などの知名度が高い欧州産のナチュラルチーズは現在、原則 29.8% の関税がかかっているが、国産以上に消費されている。低関税率枠の新設などで安価な欧州産の輸入が増えた場合の影響について、道農業協同組合中央会は「国産の需要を喪失させ、生産者は安い欧州産に対抗するために安いチーズ向け生乳を求めるようになるため、生乳価格の下落を招きかねない」（浅野正昭農政部長）と懸念を強めている。

　道産生乳を用いる大手チーズ生産業者は「これまで牛乳消費が不安定でだぶつき、『国策』としてチーズ生産が推進されてきた側面もある。関税をなくすようでは、はしご外しだ」と政府への不満を隠さない。〔中略〕

　消費者や輸入品の販売現場などでは、歓迎の声も聞こえる。

札幌市中央区の百貨店、札幌三越にチーズを買いに来ていた飲食店勤務の男性(28)＝札幌市中央区＝は「消費者にとっては選択肢が増えるのはありがたい」と喜んだ。〔中略〕
　菓子メーカーなども今回の動きを評価。北海道菓子工業組合理事長の長沼昭夫氏(「きのとや」会長)は「フランスなど欧州産チーズやスイス製などのチョコレートを材料に使う菓子メーカーは多く、原材料の価格が抑えられることは歓迎したい」と話した。
(田所柳子・本多竹志・安達恒太郎「日欧EPA　大枠合意　チーズ生産・酪農に打撃　「はしご外しだ」業者不満」『毎日新聞』2017年7月7日北海道朝刊より抜粋)

資料13-3

　日本と欧州連合(EU)の経済連携協定(EPA)交渉が5日(日本時間同日夜)、大枠合意に達した。世界の国内総生産(GDP)の約3割を占める巨大な自由貿易圏の誕生は、世界の通商交渉にも影響を与えそうだ。
　EPAが発効すれば、9割超の品目の関税が撤廃される見込み。世界の人口の約1割、世界の貿易総額の約4割を占める巨大な自由貿易圏が誕生することになる。
　輸出増加などを通じたGDPの押し上げ効果は、日本が1％以上、EUは0.76％程度に上ると試算されている。〔中略〕
　米国はトランプ大統領の当選以来、2国間での通商交渉を優先させる姿勢を示し、日本など12カ国による環太平洋パートナーシップ協定(TPP)からの離脱を表明した。これを受け、日本は米国からTPPの合意内容以上の市場開放を迫られるのではないかと警戒感を高めていた。
　しかし、日欧EPAが発効することでEU産の農産物などの関税が下がれば、日本向けの豚肉などの輸出で米国産は不利になる。米国抜きの11カ国で発効を目指すTPPも、EUと乳製品などで競合するオーストラリア、木材で競合するカナダなどが早期発効を目指す動きを強める可能性があり、日本政府内には「TPPへの復帰など、トランプ政権が通商戦略を見直す余地が出てくるのではないか」との期待感がある。
　また、中国は日韓や東南アジア諸国連合(ASEAN)との東アジア地域包括的経済連携(RCEP)交渉を巡り、自国産業を守るために低い水準での合意を主張している。日本が欧州との間で高い基準の自由貿易圏を構築することで、中国に圧力をかける効果も期待されそうだ。
(片平知宏・小川祐希「日欧EPA　巨大経済圏、米中に圧力　世界GDPの3割」『毎日新聞』2017年7月6日朝刊より抜粋)

索　引

＊太字は，各章のキーワード

あ行

圧力団体　12, 15, 22　→利益団体
アナウンスメント効果　42, **45**
安倍晋三　21, 105, 111-113
　――政権　113, 178
　――内閣　111, 112
アメリカ（米国）　1, 20, 22, 29, 37, 43-45, 48, 66, 71, 74, 85, 87, 92, 94-96, 98, 117, 120, 126-128, 130, 133, 134, 140, 148, 150, 151, 155, 156, 161-163, 166, 167, 180, 182
安全保障　120, 135, 137, 145, 146, 152, 154, 157
　国家の――　137, 142, 145
イーストン，D.　1
市川房枝　71, 77
一票の格差　91, 94, 101-103
イデオロギー　129-131, 133, 134, **135**
ウォーターゲート事件　43
ウォルツ，K.　138, 139
エンパワーメント　70, 77
オルソン，M.　18

か行

価値の権威的配分　1-3
ガバナビリティ　**34**
　アン・――　29
ガバナンス　24, 30, 32, **34**
ガラスの天井　75
関税　128, 149, 151, 152, 154, 155, **157**, 181, 182
　→非関税障壁
間接（代議制）民主主義　50, **57**, 121-123　→直接民主主義
官邸主導　109-111, **113**
監督官庁　15, 22
寛容　59, 60, 64-67, **68**
官僚　28, 31, 34, 71, 105-113
　――優位論　106, **113**　→政党優位論
議員定数不均衡　101, 102, **103**
議院内閣制　94-101, 109
議員連盟　15, 16, 21, 22
機関委任事務　117, 118
規制改革　20, 21
議題設定効果　39, **45**
北朝鮮　127, 132
キムリッカ，W.　68, 120, 123
9.11同時多発テロ　126

業績評価投票　82, 86
共通だが差異ある責任の原則　161, 167, **168**
京都議定書　165-167
近接性モデル　84, 85, 92
クオータ制　72-75, 77
クラズナー，S. D.　164
グローバリゼーション　19, 34, 133
グローバル化　24, 29, 34, 131, 132, 134, **135**, 150, 161
　経済の――　131, 150, **157**
コア・エグゼクティブ　110
小泉純一郎　38, 110, 111, 113
　――政権　98, 113, 118, 123
合意形成型民主主義　100, 101, **103**　→多数決型民主主義
公共財　24-33, 89-91　→私的財
公私二元論　72, 73, 76, **79**
公平性　61, 62, 161, 162
55年体制　109
個別防衛　142, 144
ゴルバチョフ，M. S.　130
コンドルセの陪審定理　50, 52, 54, **57**

さ行

三位一体改革　118, **123**
三割自治　118
シェアリングエコノミー　20
ジェンダー　70-78, **79**
　――・ギャップ　70-72, 75, 77
　――平等（不平等）　71, 73, 76, 77
執政府-立法府関係　97
私的財　25, 26, 31, 32　→公共財
自民党　15, 16, 21, 42, 87, 105, 109, 113
事務次官　107, 111
シャウプ勧告　117
社会的ジレンマ　90, **92**
集団防衛　142, 144, 145
住民自治　116, 117, 121
主権国家体制　139, **146**
首相公選制　98, 99
小選挙区制　72, 100
自律　32, 42, 56, 68, 117, 120
スリー・セクター・フレームワーク　31, 32
政治分野における男女共同参画の推進に関する法律　77
政党優位論　107, **113**　→官僚優位論
性別分業　72, 73, 76, 77, **79**
勢力均衡　144, 145
ゼロサム・ゲーム　99, **103**
世論　37, 43, 44, 87, 180
先住民　67

索　引

選択的接触　43, **45**, 87, 91
争点投票　82, 84-86, **92**
族議員　109, 110
ソクラテス　48
忖度　105-107

た行

大統領制　94-101
　──民主主義の失敗　99
　半──　97
ダウンズ, A.　89
多元的民主主義　16, **22**
多数決型民主主義　100, 103　→合意形成型民主主義
多数者の専制　55
多文化主義　59, 60, 64, 66, 67, **68**
多様性　59, 60, 64-68, 74, 100
団体自治　116, 117
地方自治体　16, 30, 115-118, **123**, 177
地方分権一括法　117, 118
中央省庁再編　110
中国　127, 128, 132, 134, 148, 150, 155, 161-163, 166, 167, 180, 182
中立　41, 42, 44, 51, 60-63, 106, 127
直接民主主義　50, **57**　→間接（代議制）民主主義
椿発言問題　42
鉄の三角同盟　15, 16, 19, **22**
同性婚　66
党派性　82, 86, 87, **92**
投票（参加）のパラドックス（ダウンズパラドックス）　89
同盟（alliance）　142-146
　──のジレンマ　144, **146**
トクヴィル, A.　54
トランプ, D.　48, 134, 155, 166, 182

な行

内戦　103, 120, 126, 131, 134
ニスカネン・モデル　28, 31, **34**
日 EU・（日欧）EPA　148, 151, 154, 155, 181, 182
日曜日授業欠席処分取消請求事件　62
認識共同体　165, **168**

は行

パリ協定　166, 167
バンドワゴン　42, 144
非関税障壁　128, 149, **157**　→関税
表現の自由　42, 65, 130
平等（不平等）　31, 56, 61, 66, 68, 70, 71, 73, 75-77, 79
　──な配慮　66

フェイクニュース　44
フェミニズム　76, 77, **79**
プラトン　48
フリーライダー　18, 19, **22**, 160, 163
ブレグジット　44, 48, 134
文明　133, 134
ヘイト・スピーチ　65
貿易　85, 128, 132, 133, 137, 148-152, 155-157, 182
方向性モデル　84, 85, **92**
放送法　42
法定受託事務　118
保護主義　155
ポジティヴ・アクション　73, 75, 76, **79**
ポピュリズム　55, **57**, 134

ま行・や行

ミル, J. S.　54
無政府状態（アナーキー）　139, 140, **146**
メディア・リテラシー　44
与党事前審査　109, **113**

ら行

ライカー, W. H.　88, 89, 120
ライカー＆オーデシュックの投票参加モデル　88, 89
利益団体　12, 14-16, 18, 19, 21, **22**, 109-111, 152　→圧力団体
リベラリズム　59-61, 64, 66, 67, **68**
冷戦　28, 29, 126, 127, 129-135, 161, 180
レイプハルト, A.　100, 103
「歴史の終わり」　133, **135**
レジーム　163-166, **168**
連邦制　103, 119-121, **123**

わ行

割引モデル　84, 85
ワン・フレーズ・ポリティクス　38

A-Z

COP（締約国会議）　164, 166
EPA（経済連携協定）　148, 150, 151, 154, **157**, 181, 182
EU（ヨーロッパ連合）　44, 48, 120, 134, 148, 150, 151, 154, 155, 161, 162, 166, 167, 181, 182
FTA（自由貿易協定）　148, 150-155, **157**
GATT（関税と貿易に関する一般協定）　128, 132, 149, 150
TPP（環太平洋パートナーシップ協定）　151, 155, **157**, 182
TPP11　151
WTO（世界貿易機関）　132, 150

執筆者紹介

第 1 章・第12章　福井　英次郎（ふくい　えいじろう）
　　　　　奥付の編者紹介を参照
第 2 章　市川　顕（いちかわ　あきら）
　　　　　東洋大学国際学部教授
第 3 章　岡田　陽介（おかだ　ようすけ）
　　　　　拓殖大学政経学部准教授
第 4 章　松元　雅和（まつもと　まさかず）
　　　　　日本大学法学部教授
第 5 章　沼尾　恵（ぬまお　けい）
　　　　　慶應義塾大学理工学部外国語・総合教育教室准教授
第 6 章　藤田　智子（ふじた　ともこ）
　　　　　九州大学大学院比較社会文化研究院講師
第 7 章　荒井　紀一郎（あらい　きいちろう）
　　　　　中央大学総合政策学部教授
第 8 章　鎌原　勇太（かまはら　ゆうた）
　　　　　横浜国立大学大学院都市イノベーション研究院准教授
第 9 章　笹岡　伸矢（ささおか　しんや）
　　　　　駿河台大学法学部准教授
第10章　松尾　秀哉（まつお　ひでや）
　　　　　龍谷大学法学部教授
第11章　黒田　友哉（くろだ　ともや）
　　　　　専修大学法学部准教授
第13章　武田　健（たけだ　けん）
　　　　　青山学院大学国際政治経済学部准教授
第14章　臼井　陽一郎（うすい　よういちろう）
　　　　　新潟国際情報大学国際学部教授

編者紹介

福井　英次郎（ふくい　えいじろう）
明海大学外国語学部准教授。
主な論文に、「英国のEU離脱をめぐる国民投票への道──政治制度の変容と議題の設定」『民主政の赤字──議会・選挙制度の課題を探る』（一藝社、2020年）、「域外からみた規範パワーとしてのEU──その研究方法の再検討」『EUの規範政治──グローバルヨーロッパの理想と現実』（ナカニシヤ出版、2015年）、「ロールプレイングゲームを用いた国際政治学教授法──授業デザイン・実践・課題」『国際交流研究』第20号（フェリス女学院大学、2018年）など。

基礎ゼミ　政治学

2019年4月15日　第1刷発行
2024年3月15日　第3刷発行

定価はカバーに表示しています

編　者　福井英次郎
発行者　上原寿明

世界思想社

京都市左京区岩倉南桑原町56　〒606-0031
電話　075(721)6500
振替　01000-6-2908
http://sekaishisosha.jp/

（印刷　太洋社）

ⓒ 2019 E. FUKUI　Printed in Japan

落丁・乱丁本はお取替えいたします。

JCOPY　〈(社)出版者著作権管理機構　委託出版物〉
本書の無断複写は著作権法上での例外を除き禁じられています。複写される場合は、そのつど事前に、(社)出版者著作権管理機構（電話 03-5244-5088, FAX 03-5244-5089, e-mail: info@jcopy.or.jp）の許諾を得てください。

ISBN978-4-7907-1724-9